U0921995

图书编辑素养点点谈

王晓娜 著

羊城晚报出版社
·广州·

图书在版编目（CIP）数据

图书编辑素养点点谈 / 王晓娜著. -- 广州 : 羊城晚报出版社, 2024.9
ISBN 978-7-5543-1294-0

Ⅰ. ①图… Ⅱ. ①王… Ⅲ. ①图书—编辑工作—研究 Ⅳ. ①G232.2

中国国家版本馆CIP数据核字(2024)第029822号

图书编辑素养点点谈
TUSHU BIANJI SUYANG DIANDIANTAN

策划编辑 潘子扬
责任编辑 潘子扬 梁醒吾 杨映瑜
责任技编 张广生
装帧设计 友间文化
出版发行 羊城晚报出版社
（广州市天河区黄埔大道中309号羊城创意产业园3-13B 邮编：510665）
发行部电话：（020）87133053
出 版 人 陶 勇
经　　销 广东新华发行集团股份有限公司
印　　刷 广州小明数码印刷有限公司
规　　格 889毫米×1194毫米 1/32 印张6.25 字数127千
版　　次 2024年9月第1版 2024年9月第1次印刷
书　　号 ISBN 978-7-5543-1294-0
定　　价 48.00元

版权所有 违者必究（如发现因印装质量问题而影响阅读，请与印刷厂联系调换）

目录

Contents

第一章　图书编辑素养与文化强国建设

第二章　图书编辑须加强文字修养

第三章　图书编辑工作理论与实践创新

第四章　融合出版探索

第五章　图书编辑的时间意识

第六章　书评，也是图书编辑的基本功

附录

第一章
Chapter

图书编辑素养与文化强国建设

编辑的内涵

在进入正题之前，笔者认为有必要先来探讨一下什么是编辑，编辑的内涵是什么。本书指的自然是图书编辑，也即出版社编辑。那么，什么是出版社编辑？他们在作者、读者和出版社之间扮演什么角色，起什么作用？掌握书稿出版与否、文字删改与否的权力裁决者？埋首案头为“他人作嫁衣”者？咬文嚼字的找碴儿者？抑或，在百花丛中辛勤忙碌的酿蜜者？传播文化和文明的使者？无论是什么职责和作用，编辑看起来都是默默无闻的幕后工作者。

《编辑人的世界》一书，曾对出版社编辑扮演的角色作过如下阐述：“首先，他们必须多方搜寻，挑选可以出版的好书；第二，他们还得进行编辑（没错，不管你听到多少编辑面临财务压力，受到财团的无情干预，以及商业目的压倒文学品味等种种事情，他们依然要做书稿编辑工作）；第三，他们在作者和出版社之间，扮演着‘杰纳斯’的角色，在作者面前代表出版社，在面对出版社时又代表作者。”[1]杰纳斯指的是罗马神话中的双面神，这一比喻形象地道出了图书编辑作为“夹心饼干”的两难处境。

一、编辑是理想主义的实践者

提起编辑，我们常常会想起“苦恨年年押金线，为他人作嫁衣裳”的比喻，诗中写贫女为他人缝制嫁衣，自己却无法穿上美丽衣裳的惆怅和心酸，和编辑长年累月为作者编辑加工书稿的心境如出一辙。“为他人作嫁衣裳”，暗含了编辑默默奉献、劳累委屈、辛苦不为人知的职业属性。

然而，选择从事编辑职业的人，多多少少都带点理想主义的情怀。从小处说，编辑的工作是与文字打交道，编辑首先是爱文字、爱读书者，骨子里流的是有追求、有理想的文艺血液；从大处说，编辑从事的是立言、存史、资政、育人的事业[2]，因为人类最伟大的思想是在书里，文明正是通过书（无论是古代的“甲骨书”、简书、帛书、雕版书，还是如今的纸书、电子书等）这一载体不断发展和传承的。

因此，我们可以说，编辑是理想主义的实践者，编辑不仅是苦为他人作嫁衣裳者，更是甘为、乐为、喜为他人作嫁衣

1 ［美］杰拉尔德·格罗斯主编．编辑人的世界[M]．齐若兰译．北京：新星出版社，2014：13.

2 杨牧之．论编辑的修养[M]．北京：中华书局，2014：3.

裳者，我们对自己从事的工作感到光荣，对每一个文字心怀敬畏，胸怀社会的责任感和时代的使命感。编辑应该把作家的作品，也当作自己的孩子，精心雕琢、修饰、装扮、滋养，热目注视她体面的出嫁，甘之如饴，喜乐自知。而当某一天，若你打开一本书稿的时候全无期待和想法，那么也便没有再做编辑的必要了。

锤炼文字、对文字心怀敬畏，是中国读书人的传统。在许多古诗词中，在许多文人墨客的笔下，都有例证。比如，“春风又绿江南岸”的“绿”字，“僧敲月下门”的“敲”字，“国破山河在”的“在”字，均被称为诗眼和点睛之笔，贾岛“两句三年得，一吟双泪流”的苦炼、琢磨佳话，几千年来引发无数读者共鸣。

在笔者责编的散文集《新会老地方》一书中，作家黄文婷写到广东江门新会圭峰山有一座清代字冢，新会外海茶庵寺还有一座三层的宝塔形“化字炉”，这是对中国人“敬惜字纸”传统的印证。“篆成古寺烟凌汉，说到焚书火若秦”，让历经人世百相、写尽人间悲欢的字纸入土为安，想必是古人对文字最后的尊重吧。葬尸、葬花、葬衣冠都是中国传统的葬礼文化，但“葬字”，笔者是首次听说。圭峰山字冢的石碑上，刻有九个字：咸丰七年字纸灰七埕，石碑左侧是一座馒头形的孤坟，坟头立着一块墓碑，碑上刻着“字冢”二字。因而，黄文婷感慨：

> 遥想咸丰七年，字冢安置的时刻。那一场葬礼该是何等寂寞啊！没有眼泪，没有哭声，因为此时此地埋葬的不是一位故去的亲人，而是七埕化灰的字纸。但我相信，安葬字纸灰的人一定怀着恭敬，小心翼翼地将七埕字纸灰缓缓放入土中，从此灰归灰，土归土，尘归尘。从字纸安葬的那一刻开始，它便注定是一座寂寞的坟墓，没有人扫墓。[1]

字冢是2012年被一位文史爱好者发现的，至此它已在圭峰山沉积了150多年，不能不令人对咸丰七年的那一场特殊的“葬字”仪式充满想象。

其实，编辑行业是关于文本的行业，编辑编书的过程，不也是一场盛大的仪式吗？从搜猎好书、发现作家，到“咬文嚼字”的编辑加工，再到装帧设计，每个流程每个细节，都充满了庄严感和神圣感。一本书的诞生，不但是作者的心血，更凝结了编辑的纠结、创意和理想。编辑对每个字每个词每句话的查核衡量，对作者思想和观点的保护，对内容导向和意识形态的审读把关，对装帧设计的审美辨识，对受众市场的阅读期待，等等，都充分体现了编辑是理想主义的实践者，编辑是一

1　黄文婷．新会老地方[M]．广州：羊城晚报出版社，2022：11.

个自带文化光环的充满魅力的职业。

二、编辑是文化尊严的守卫者

有学者认为，文化的进步有三大标志，即作家的发现、读者的发现和编辑的发现，[1]将“编辑的发现”作为人类文化进步的“三大标志”之一。

《左传·襄公·二十五年》记载：“大史书曰，崔杼弑其君，崔子杀之，其弟嗣书，而死者二人，其弟又书，乃舍之，南史氏闻大史尽死，执简以往，闻既书矣，乃还。”[2]讲的是齐国大臣崔杼弑君、杀太史的故事。太史们为记录“崔杼弑其君”五个字，留下历史的真相，前仆后继不畏生死。

太史们用生命坚守和捍卫的，便是历史的尊严，是自己内心的职业伦理和道德原则，因而是代表正义与邪恶势力作斗争。作家有自由写作和表达的权利，有说真话的写作操守，编辑便有捍卫作品真实性的义务，也有删改其错误言论的权利。只有具备较高的政治、文化素养和明辨是非的能力，敢于坚持原则，明确自己的责任，不谋私不媚上，才能为文化的进步和传承贡献力量。

记得在编辑《东纵边纵将士风采（一）》一书的过程

1 陈琦．文化的整体功能与编辑的创造性价值[J]．武汉大学学报（哲学社会科学版），1998（02）．

2 阮元校刻．十三经注疏（清嘉庆刊本）[M]．北京：中华书局，2009：4306．

中，我们就遇到过多次责难。这本书的内容多来自人物传记和口述回忆录，文字粗糙不说，许多较细的时间、地点和历史细节与党史上的记载有出入，对于校对员和党史研究室审读员的标注和疑问，有些作者愿意进一步查核确认，但也有些亲历战事的老将士坚信自己的记忆是真实准确的，拒不修改，可又无法提供相关证据证实自己的观点。老将士们年事已高，且是德高望重有影响力的退休老领导，希望书能够尽快出版，也算是了却生前的一桩心愿。怎么办？只能是编辑和校对员日夜编辑加工、查找资料核实，一句一句改，一点一点核，耐心与对方沟通协调，确保史实部分的严谨性，不出现常识性差错和硬伤。该书出版后，收获好评，入选农家书屋推荐目录，并被广东省委宣传部选为庆祝中国共产党成立100周年精品出版物。

为保证每一本书能够“体面”地“出嫁”，编辑工作的每个环节都非常重要，都是在捍卫文化和知识的尊严。这也是体现编辑职业使命感和庄严感的地方。

三、编辑是杂家，更是专家

过去人们常说，编辑是杂家，要求编辑不仅在出版专业领域是行家里手，还需要建构一套完整的通识认知体系。因为编辑面对的书稿往往不是一个专业领域的，很多作者也有跨界写作的情况，作者在写作中遇到的盲点、盲区，犯下的常识性、学术性差错，往往是给编辑工作挖下的坑。比如一个作家想出版其翻译的一部作品，就是在考验一个编辑的语言思维和外语能力。必要的时候，编辑还需要加班补课，掌握基本的翻译知识和技能，一边学习一边编辑加工。

老一辈编辑家叶圣陶先生尤其重视编辑工作的育人能力，认为出好书可以全面提高人的素质，他把编辑出版工作看作是教育工作的一个重要组成部分，比如教材、教辅读物对青少年眼界的开阔、精神的滋养，文学艺术类出版物对大众精神世界的陶冶，传播新思想、新知识的出版物对国民民智的开发，等等。

因此在新业态环境下，对于编辑而言，成为什么都懂、什么都干的杂家还远远不够，还要有成为本专业领域内专家的理想和追求，在“内容为王”的文化市场，编辑的专业性眼光和思维显得尤为重要，也更能做出高水平的精品图书，从而让好书起到“育人”的作用，全面提高人的素质。

四、融媒体时代，编辑是台前幕后的多面手

今天，新媒体传播方式的全面渗透和电商图书零售平台的迅速崛起给纸质出版带来了巨大的冲击和压力。这就对编辑的职责提出了更多更高的要求。

就笔者所在的出版社来说，每一位编辑，除了做好搜集作者和作品信息、选题策划和申报、组稿排版和设计、书稿编辑加工和审读、修改定稿和发稿、计算发放稿费、宣传发行和

公关协调外，还要写书评、书摘、推文，编辑发布新媒体文章、做微信公众号，必要的时候还要为新书筹办首发式、推介会、研讨会等。

近年来，随着短视频直播成为图书销售新引擎，许多出版社也尝试在微信视频号、抖音和小红书平台注册账号，从社里挑选颜值、口才俱佳的编辑，进行培养训练，然后出镜直播卖书。编辑不再是默默的案头工作者，而是逐渐从幕后走向台前，与作者对谈、和读者互动，侃侃而谈，成为一把“多面手”。

打造高素质编辑队伍，助力出版高质量发展

以出版高质量发展促进文化强国建设是中国式现代化的重要尝试，文化关乎国本、国运，文化兴则国运兴，文化强则民族强。文化生产是创造性劳动，核心在人，人才济济、人才辈出，文化才能繁荣兴盛。

国家新闻出版署印发的《出版业“十四五”时期发展规划》指出，“展望2035年，我国将建成出版强国”。出版是党的事业的重要组成部分，出版社是党的宣传工作的重要阵地和载体，出版的文化属性决定了它要承担更多的社会责任。编辑作为社会主义的出版工作者，尤其是内容生产者，先天地、自然而然地就带有在意识形态领域宣传党和国家的方针政策，弘扬社会主义核心价值观，传播正能量，成风化人的工作特性和工作职责。因此，打造高素质的编辑队伍，是高质量出版的重要保证。

一、打造高素质编辑队伍的意义

（一）编辑是优秀作家和作品的发现者

上一节我们探讨了编辑的内涵，深知编辑的眼力、脑力、笔力和脚力对一个作者和一本书的影响。对于主题出版和市场书来说，编辑的创意和智慧正是其核心竞争力和看家本领，一个好的创意、好的点子可以催生一系列优质图书的诞生，如果还有作者人脉和优质书稿的加持，便会如虎添翼。

对于一本现成的书稿来说，编辑的鉴赏能力和眼光显得更为重要。有些编辑一读作品的开头，就知道这是不是一部好作品、有没有出版的价值。20世纪80年代，广州花城出版社成立之初，正是有一批认真优秀负责的编辑，才能在堆积如山的书稿中发掘出好作品，让中国当代文学出现“高光时刻”。《消失的普罗米修斯》《我该怎么办？》《人到中年》《雅马哈鱼档》《沉沦的土地》等后来进入文学史的作品，都体现了编辑们的眼光和心血。

笔者曾在毕飞宇写的一篇随笔《青梅竹马朱燕玲》一文中，读到过作家毕飞宇和编辑朱燕玲的故事：

1989年，那时候我还没有在刊物上发表过一个字，我把我的一个中篇寄到“《花城》编辑部”去了。和我所有的稿件一样，我的小说在《花城》编辑部那头没有任何消息。——后来我知道了，1990年的下半年，《花城》编辑部的稿件业已堆积如山，都摞在地板上了，他们决定“清仓”。戏剧性就在清仓的这一天出现了。一个年轻的女编辑动了恻隐之心，想，再翻一翻吧，也许还有合适的稿子呢，别漏了。她就蹲在地板上，一篇一篇地翻。这一翻就把一个叫《孤岛》的小说给翻出来了。这个年轻的女编辑就是朱燕玲。而《孤岛》就是我的处女作。[1]

毕飞宇在文中以感激的语气说，“遇上燕玲实在是我的幸运”，“没有朱燕玲就没有我”，“是燕玲第一个从黑暗当中向我伸出她的手”。可见，一个编辑的眼光多么重要，一个编辑对于一个还未成名的作家的回应和鼓励是多么重要。处女作《孤岛》一鸣惊人，毕飞宇后来又写出了《青衣》《哺乳期的女人》《玉米》《玉秀》《玉秧》《推拿》《小说课》等奠定其文学地位的优秀作品，如今已是中国文坛的重量级作家，现任中国作家协会副主席，作品多次荣获鲁迅文学奖，长篇小说《推拿》被改编为电影。

对于编辑来说，慧眼识珠是一种职业能力和修养。优质作者和书稿是出版社的衣食父母，因此某些编辑自认为积累了

1 毕飞宇．青梅竹马朱燕玲[J]．生活周刊，2020-06-28.

一定的作家人脉后，便躺平止步，唯名家为上，不再以发现和培养年轻作家为己任，这是背离编辑伦理的行为，是万万不可取的。认真、公平、公正地对待每一部书稿，是编辑修养的内在要求和文化品格。

（二）编辑素质决定了图书的含金量

编辑行业，是一门关于文本的行业，是一门充满创新性尝试的技术工作。脱离了文本和创意，就脱离了编辑工作的核心和灵魂。

一本图书的含金量有多少，除了作品本身，还取决于责任编辑的素质。责任编辑的策划能力，对政策的理解力，对书稿的悟性，对市场的调研能力，对受众喜好的了解程度，甚至其审美和装帧偏好、编辑和加工细节，都能直接或间接地影响一本图书的出品，关系到它走入市场的命运。

树立精品意识，打造精品图书，早已是出版业的共识。编辑队伍是承担精品出版策划和实施的主体，要打造高质量的精品出版物，离不开高素质的编辑人才队伍。

近年来，常有问题图书因为导向或差错问题被读者举报，造成严重的负面影响。比如地图边界问题、幼儿教辅读物的配图不雅问题、教材教辅中的拼音差错、文史类图书中出现的年代错误、封面插图的侵权纠纷、参考文献的格式和信息错误等，至于错别字和语法错误就更多了，一本差错连篇的图书，随时有可能被读者拍照传到网络上，然后迅速传播，造成不良影响。身为一名编辑，应该时刻谨记自己的初心和使命，从提高自身素养出发，不放过任何一处疑问和差错，为出版把好关，为经手的每一本图书负责任。

二、如何打造高素质编辑队伍

首先，做好新时代人才队伍建设规划工作。2024年7月，党的二十届三中全会通过的《中共中央关于进一步全面深化改革　推进中国式现代化的决定》指出，“深化人才发展体制机制改革。实施更加积极、更加开放、更加有效的人才政策，完善人才自主培养机制，加快建设国家高水平人才高地和吸引集聚人才平台”。这是国家层面对文化机制体制改革提出的要求，把育人才、强队伍作为一项重大的战略任务，健全符合文化领域特点、遵循人才成长规律的人才选拔、培养、使用机制，改革人才评价激励机制，努力培育形成规模宏大、结构合理、锐意创新的文化人才队伍，通过改革营造有利于人才脱颖而出的政策环境，营造有利于人才创新创造的文化生态，把人才凝聚到党的宣传思想文化事业中来。

其次，提高编辑政治文化素养，统一编辑思想，凝聚编辑力量。出版单位是党的宣传工作的重要阵地和载体，编辑是社会主义的媒体工作者，提高政治文化素养、把好图书的导向关和意识形态关是出版工作者不可推卸的责任。编辑的职业属性决定了编辑必须具有高度的责任意识，梁启超有句名言，

“人生须知负责任的苦楚，方知尽责任的乐趣”，说的正是编辑的责任感和使命感。作者有自由写作和发表言论的权利，编辑有审读把关的责任和义务。一本偏离正确政治导向的图书一旦流入市场，将是病民害国的。

再次，健全编辑培养体制机制，全面提高编辑专业技术能力和素质。近年来，笔者所在单位和主管部门，一直贯彻政治培训与业务培训相结合、线下与线上培训相结合的模式，做好继续教育培训，打造继续教育精品课程，组织开展编校质量竞赛竞答，做好编校质量自查和检查工作，举办全省重点社科期刊和出版单位骨干人员培训班等，强化导向管理，确保意识形态领域安全，建设高素质出版专业队伍，致力于开创出版工作新局面。

最后，还要健全评先、评优工作机制，实施“人才”战略工程。每个出版单位都有自己的评先、评优制度，都是对文化体制机制改革“目中有人”战略要求的贯彻落实。笔者所在的羊城晚报报业集团，近年来连续实施新时代“三扬”人才工程和战略，不定期组织青年理论学习提升工程、全媒化新闻传播人才高级研修班、暨南大学传媒讲习班、AI时代出版融合发展论坛、羊城晚报社—采编资源库升级改造项目多模态资源中心培训等，建立名编辑工作室，表彰优秀员工、优秀编辑、“新羊家将”，鼓励、激励编辑创新“扬名立晚”，树立羊晚编辑品牌，为编辑成长搭建平台、舞台和奖台。

适应新质生产力，图书编辑的职业素养重塑和价值取向

守正创新是出版业高质量发展的基本要求，没有创新就没有发展。新质生产力的显著特点是创新，关键在质优，本质是先进生产力，既包括技术和业态模式层面的创新，也包括管理和制度层面的创新，具有高科技、高效能、高质量特征，符合新发展理念。

人才是发展的第一要务。党的十九届五中全会明确提出，要繁荣发展文化事业和文化产业，提高国家文化软实力，到2035年建成文化强国。建设文化强国，繁荣出版事业，关键靠人才。出版新业态环境下，发展新质生产力对出版业提出了新的挑战和要求，亟须围绕创新这个本质和抓手，培养和打造一支高素质的编辑人才队伍，推动出版新质生产力加快发展。

目前，从创新的维度看，出版行业编辑人才队伍存在的

问题较多，普遍表现为：知识结构单一，思维方式守旧；埋首于案头，社交能力不足；创新意识不强，选题策划能力不足；缺乏融合出版意识，接受新事物、新媒体的热情不足；学术能力偏弱，文笔功夫不足；缺乏对市场的了解，缺乏新媒体营销意识和技能。

图书编辑是内容生产者，选题策划是出版工作的核心，提高编辑的素养，重点在于选题模式和内容价值的创新。随着时代的发展、科技的进步，读者对图书的需求也在不断发生变化，因此，打造新时代优秀出版编辑、重塑编辑素养和价值取向的关键在于全面提升编辑策划能力，并加强体制机制建设，以适应新质生产力的发展趋势。

第一，适应新质生产力发展，应着重培养编辑的“精品”意识，提升编辑做精品书的能力。高品位的精品图书，是出版业最核心的竞争力量。“精品”意识在编辑主体的意识结构中，是最具有能动性的意识；策划精品图书的能力，也是编辑的核心能力。精品意识成就精品出版。提升编辑做精品图书的能力，应从选题策划创新、内容价值创新、技术创新三方面入手。笔者所在省份的人民出版社，近年来成功实践了以市场为导向的创新策划，社长肖风华在2024“出版视点”系列专题研讨会上介绍：“一是依托新技术的策划。广东人民出版社新传媒营销公司编辑部的编辑充分利用以人工智能为优先的大数据进行高效前期调研，摸清互联网思维下读者喜好，为读者量身定制、专业打造适配的品牌图书，取得不俗销量。如联合广东新荷传媒策划出版的少儿类心理辅导漫画读物《漫画小学生心理》，上市后不到半年销量突破200万套。与抖音旗下的起点传媒合作出版的《素书（上、下）》，2023年上市不到1个月创下80万套的销量。二是依托编辑思考力的策划。除了依靠数据和技术驱动的策划之外，广东人民出版社十分重视编辑的思考是否具备发现和捕捉‘大势’的能力。‘跟住大势’本就是出版行业的核心动力之一，指的是对社会、当下以及整个世界的理解和把握，这种动力在编辑策划层面的结果，就是那些紧跟社会、解释社会，为读者提供一定支持的书。广东人民出版社今年策划的两种书《初中生》《母亲们》都体现了对‘大势’的关心。”[1]广东人民出版社的实践为我们提供了很好的策划创新思路。

关于内容价值创新，笔者所在的羊城晚报出版社，近年来依托集团，坚持以“文化立社”，深入挖掘广东地市文化，厚植羊城晚报“文化”品牌底蕴，打造了“岭南文化/文脉/文学”系列图书，尤其是《走读岭南文脉》《佛山文脉》《典籍里的佛山》《博罗文脉》《广州公交文脉》等“岭南文脉”系列品牌图书，在选题策划和版式呈现上，不仅仅是将报道简单地梳理汇编成册，更是力求以一种新的眼光和标准全面

1　如何打造新时代出版优秀编辑？[EB/OL]. https://www.sohu.com/a/791445991_121418230.

审视和充分认识岭南地域文化的个性和价值，营造一种文化和阅读氛围，进一步激发全社会对岭南文化的兴趣和关注，推动地域文化的发掘、整理和研究，收效甚好。目前，“岭南文脉”系列图书已成为羊城晚报出版社品牌选题。

第二，适应新质生产力发展，应全面提高编辑的政治文化素养、学术素养和社交能力。出版单位应通过思政引领，提高编辑的政治导向把关能力；注重跨学科培养和搭建学术交流平台，提高编辑的学术能力和文笔能力，鼓励编辑关注行业动态和学术前沿，积极走出去，多接触同行和作者，向行业前辈请教经验，提高社交能力。编辑对图书政治导向和意识形态的审核把关能力，是编辑的基本功之一。出版工作者必须把好图书的导向关，这是由出版的意识形态属性决定的，因为出版是党的事业的重要组成部分，是宣传工作的重要阵地和载体，审读把关是出版管理工作十分重要的一环，自觉提高政治素养、把好图书导向关和意识形态关是出版工作者不可推卸的责任。

在本章“编辑的内涵”一节，我们已探讨过，融媒体时代的编辑，不但是杂家，还要立志成为本专业领域内的专家，这样才能以专业性的眼光和思维策划出高质量高品位的精品图书，在行业内占领一席之地。信息科技的进步为编辑获取知识和信息提供了更便捷的途径，也对编辑的整体素养提出了更高的要求。今天的编辑不能止步于每天埋首案头“咬文嚼字”，或者通过微信、QQ、电邮与作者沟通，而是应该多走出去社交，积极参加各种学术交流活动，密切关注行业前沿热点话题与动态，多向同行、前辈学习请教，还要在烦冗的工作之余，撰写学术论文和心得体会，锻炼笔力，全方位提升个人素养。

在我国现当代出版史上，编辑是出版家，同时也是评论家、作家或学者的前辈和楷模有很多。比如先后主编《生活》《大众生活》《生活日报》《生活星期刊》《抗战》《全民抗战》《大众生活》共7种报刊的邹韬奋先生；主持《中国美术全集》《汉语大字典》、《编辑与出版》丛书、《中国图书评论》杂志编辑工作的许力以先生；编辑《文学周报》《小说月报》《国文杂志》等数十种刊物，编纂《开明国语读本》《文心》等教科书，整理出版《十三经索引》《十三经经文断句》、选注《荀子》、《礼记》《史记》等古籍文献学专著以及编审新文艺、新学术著作及国外译著不计其数的叶圣陶先生；还有协助邹韬奋先生办《生活》周刊、《大众生活》等影响力巨大刊物的徐伯昕先生，都为我国的出版事业付出了自己毕生的心血。值得一提的是，徐伯昕先生不仅是出版家、专家学者，还是出色的企业经营管理者。在笔者所在的广东省，也有不少前辈和榜样，值得年轻的编辑们学习，比如花城出版社的范若丁、李士非、易征、苏晨、林贤治、田瑛、朱燕玲、叶曙明、舒大沅等，教育出版社的卢锡铭，人民出版社的岑桑、肖风华、汪泉等，都既是出版界元老，又是作家、评论家，荣获过多种出版奖项和文学奖项。前辈和榜样如同一座灯塔，给我们指引着方向，为我们照亮前行的路。

第三，适应新质生产力发展，应注重培养编辑的融合出版思维和新媒体营销意识。随着大众传播领域不断发展，新媒体传播方式日新月异，电商平台成为最大的图书销售平台，迅速抢占市场份额，人们的阅读行为正从深度阅读逐步降级为浅阅读、弱阅读、碎片化阅读，纸质出版正在遭遇前所未有的危机。原来在实体书店消费的下沉用户正在转战当当网、京东和拼多多电商平台，并呈上涨趋势，表现出较强的购买力。抖音、微信短视频、小红书、快手等平台上的直播卖书正成为图书销售的新模式，董宇辉带货纯文学期刊《人民文学》《收获》和作家李娟《我的阿勒泰》等书，均取得不俗的成绩，并引发出圈效应，一度冲上话题热搜，关注度久久不减。面对新媒体传播方式无孔不入的冲击，身为出版从业者，我们自然不能视而不见。一些较大的出版单位，比如人民文学出版社、广西师大出版社、大象出版社、花城出版社、新世纪出版社等，早已嗅到其中的商机，迅速打造新媒体营销编辑团队，从编辑中发掘培养自己的主播，在抖音、微信视频号和小红书平台注册账号，邀请知名学者、作家和评论家，以灵活多样的访谈、对谈模式，开始直播卖书。2024年第四季度，广东省出版集团举办新媒体营销技能竞赛，来自集团所属出版单位的三喵军团、超能芭比队、画娘娘为你讲书、卧虎藏龙队、日新“粤”意队等十多支队伍参与了竞技。透过这些可爱的队伍名称，我们不难发现，编辑们已经打破传统出版的思维定式，褪下以往的清高面具，以积极热情的心态拥抱新媒体和新科技，深入把握新型读者的需求和喜好，全方位提升自己的营销技能。

第四，适应新质生产力发展，应加强编辑在出版业务工作知识和经验方面的积累，鼓励编辑发扬一丝不苟的工匠精神，树立“为他人作嫁衣”的奉献精神。有同行认为，“在互联网时代的今天，编辑除了需要广博的学识与知识外，更需要培养精细精准的工匠精神。裁缝制衣，可谓一针一线，精心细致，若缺针、漏针、错针，制出的衣服便成废品，无法上身。编辑审稿、编稿、校稿同样如此，若缺字、漏字、错字，生产出来的也是废品。只有精心细作，才可能编辑出精美优秀的精神食粮。编辑的工匠精神，在任何时代都不能丢”[1]。笔者深以为然，编辑行业说到底是关于文本的行业，没有高质量的文本，再新颖的策划，再漂亮的排版、装帧都毫无意义和价值。在信息大爆炸时代，任何一本图书里的差错，都有可能被读者传到网上，曝光于大众的视线之下，问题

1　黄倩．互联网时代编辑更要有工匠精神[EB/OL]．http://www.xinhuanet.com//zgjx/2019-05/10/c_138047545.htm.

严重的，还有可能冲上热搜。几年前某出版社的地图边界差错，某出版社的封面配图问题，某出版社教辅读物上的拼音差错等，都留下了深刻的教训，也给我们敲响了警钟。责任编辑必须具备责任意识，对责编图书的所有差错和问题负责，因此在出版工作的每一个环节，责编心中都应有一个隐形读者和质检，时时刻刻提醒自己不能放过任何一个错漏。这种一丝不苟、咬文嚼字的“强迫症”，不是编辑的职业病，而应该是编辑引以为豪的美德。

第五，适应新质生产力发展，还应有出版单位对编辑人才培养的制度设计和保障。出版单位为编辑人才的成长和发展提供了平台，还应根据时代、市场和政策的变化，适时调整和完善人才培养制度，才能助力打造高素质编辑人才队伍，适应新形势、新发展的需要。一个优秀的编辑人才培养激励机制，应坚持党管人才的政治原则，注重培养激发编辑的创优创新潜能和学术能力，提升编辑的融合出版技能，不定期进行编辑人才培训和评估，大力推进编辑职业化、专家化，重视青年编辑考核和激励，打造名编辑工作室、优秀编辑团队，强化编辑服务作者、读者、社会和国家的意识，通过开展编校技能竞赛、编辑营销技能竞赛等给予鼓励和奖励等等，多侧面全方位为编辑人才的成长保驾护航。

02

第二章

Chapter

图书编辑须加强文字修养

炼字，是中国文人的传统

汉字被称为世界上最伟大的发明创造，不仅推动了中华文化的发展，还对世界文明产生了深远的影响。从古至今，汉字一直具有旺盛蓬勃的生命力，炼字历来是中国文人的传统。

炼字，也称琢字，比喻写作的时候下苦功推敲以求语句精美凝练。唐代周贺《投江州张郎中》诗："炼句贻箱箧，悬图见蜀岷"，杜荀鹤《闲居书事》诗："鬓白只应秋练句，眼昏多为夜抄书"（练通炼），宋代陆游有《登北榭》诗："香浮鼻观煎茶熟，喜动眉间炼句成"等，讲的都是诗人琢字炼句的情景和经历，三更四季乐读书，烹茶吟咏炼句成，辞句风雅，书香风流，活灵活现。

成语"一字褒贬""一字千金""一字之师"等，均出自中国古代文人严谨炼字的典故。孔子作《春秋》，常用一个字来表示褒扬或贬斥，这种用笔曲折而意含褒贬的写法被誉为"春秋笔法"，比如，"七年，春，二月己亥，焚咸丘"

的“焚”字，贬斥鲁国灭绝人性的火攻，“蔡人杀陈佗”用“杀”而非“弑”表达对国君陈佗的贬讽。后来，晋代杜预作《春秋左传序》曰：“《春秋》虽以一字为褒贬，然皆须数句以成言，非如八卦之爻，可错综为六十四也，固当依传以为断。”意思是，《春秋》虽然以一个字来寄寓作者的褒贬态度，然而也需要通过几句话来成文，不同于八卦的爻辞，可以交错综合成六十四卦，而需要通过传文来判断。这里又进一步道出了汉字、汉语的丰富性。

吕不韦使门客著《吕氏春秋》，书成后，公布于咸阳城门，称若有人能增损一字者，给予千金的奖励。后以“一字千金”称誉极好的诗文。钟嵘《诗品》卷上曰：“陆机所拟十四首，文温以丽，意悲而远，惊心动魄，可谓几乎一字千金。”

古文字学家高明曾在《帛书老子校注》里指出，一字之差，则经义全非。清代文学家袁枚在《随园诗话》中说：“诗改一字，界判人天，非个中人不解。”其实，除了上古文献资料和诗，所有文学作品均是如此：改掉文中的某一个字，其韵味和境界可能就有天壤之别。

一字之师，又称一字师，指的是能为别人的诗文修改或纠正一字，这一字成为点睛之笔，令文章更加完美，即可为师。北宋《五代史补》卷三、魏庆之《诗人玉屑·一字师》载：“时郑谷在袁州，齐己携诗卷来袁谒谷，有《早梅》诗曰：‘前村深雪里，昨夜数枝开。’谷笑谓曰：‘数枝非早，不若一枝则佳。’齐己矍然，不觉兼三衣叩地膜拜，自是士林以谷为齐己一字之师。”这是成语“一字之师”的来源，也是一则美谈。宋代罗大经《鹤林玉露》卷十三记载杨万里拜“一字之师”的典故：“杨诚斋在馆中，与同舍谈及晋于宝。一吏进曰：‘乃干宝，非于也。’问何以知之，吏取韵书以呈。‘干’字下注云：‘晋有干宝。’诚斋大喜曰：‘汝乃吾一字之师。’”杨诚斋，就是杨万里。

中国文人炼字琢句、字斟句酌、咬文嚼字、与字死磕的轶事不胜枚举，唐代著名的苦吟诗人贾岛“两句三年得，一吟双泪流”的“推敲”典故更是一段佳话，引发后人无数想象和解读。

话说贾岛初次到京城参加科举考试，边骑驴边琢磨一句诗，反复斟酌，不知不觉误闯入韩愈的官道。韩愈时任吏部京兆尹。韩愈问贾岛为何闯进自己的仪仗队，贾岛只好如实禀报，并把刚作的诗念给对方听：“闲居少邻并，草径入荒园。鸟宿池边树，僧推月下门。过桥分野色，移石动云根。暂去还来此，幽期不负言。”但他尚有一处拿不定主意，觉得“僧推月下门”的“推”应换作“敲”，可又隐隐觉得“敲”字也不太合适，不如“推”好。不知是“敲”好还是“推”好。贾岛一边说，还一边轮流做着“推”和“敲”的姿势。韩愈听了，对贾岛说：“我看还是用‘敲’好，即便是在夜深人静，拜访友人，敲门表示有礼貌。而且一个‘敲’字，使夜静更深之时，多了几分声响，打破了夜间的寂静，起到以动衬静的作用，令诗境有了更多回味的空间。再说，读起来也响亮些。”贾岛听了连连点头称赞，二人因此结为好友。随着时间的流逝，“推敲”二字成为脍炙人口的常用词，用来比喻写文章或做事时，反复琢磨，反复考虑，还引申为对问题斟酌研究。

后来，关于“推”好还是“敲”好，明清之际的学者王夫之在其诗论著作《姜斋诗话》中发表了不同的意见：“‘僧敲月下门’，只是妄想揣摩，如说他人梦，纵令形容酷似，何尝毫发关心？知然者，以其沉吟‘推敲’二字，就他作想也。若即景会心，则或‘推’或‘敲’必居其一，因景因情，自然灵妙，何劳拟议哉？‘长河落日圆’，初无定景。‘隔水问樵夫’，初非想得。”此文颇有批评贾岛的意味，言外之意是，诗是你作的，其中意境可意会不可言传，你又何必因为韩愈是高官而赞同他的观点呢？

现当代著名文艺理论家朱光潜在其著作《咬文嚼字》一书中对此也有阐释，同样质疑韩愈的修改是否真的妥当：古今人也都赞赏“敲”字比“推”字下得好，其实这不仅是文字上的分别同时也是意境上的分别。“推”固然显得鲁莽一点，但是它表示孤僧步月归寺，门原来是他自己掩的，于今他推。他须自掩自推，足见寺里只有他孤零零的一个和尚。在这冷寂的场合，他有兴致出来步月，兴尽而返，独往独来，自在无碍。他也自有一副胸襟气度。“敲”就显得他拘礼些，也就显得寺里有人应门。他仿佛是乘月夜访友，他自己不甘寂寞，那寺里假如不是热闹场合，至少也有一些温暖的人情。比较起来，“敲”的空气没有“推”的那么冷寂。就上句“鸟宿池边树”看来，“推”似乎比“敲”要调和些。“推”可以无声，“敲”就不免剥啄有声。惊起了宿鸟，打破了岑寂，也似乎平添了搅扰。

一直以来，学者们关于“推”好还是“敲”好的探讨从没有停止过，还有学者站在佛家的角度，分析“推”字更符合僧人的心理和修行习惯，“敲”字一响便落入尘埃，全无佛家境界了，更可见中国文人对炼字的执着。

很多流传千古、脍炙人口的古诗词正是因为诗人讲究炼字，而被人们记住。王安石作“春风又绿江南岸”用“绿”字而不用“到”“过”或“满”字，任翻作“前峰月映半江水”为定下“半”字跑了数十里求证，王维诗句“泉声咽危石，日色冷青松”中的“咽”字和“冷”字，杜甫诗句“烟尘犯雪岭，鼓角动江城”“国破山河在”中的“犯”字、“动”字和“在”字，都是琢字炼句、辞警意丰、耐人咀嚼的优秀案例。

鲁迅先生也是讲究炼字的典范，他作品中常出现的“运命”一词，便是对人的命运的深刻理解，万不可改为“命运”。鲁迅在《彷徨·祝福》一文中说：“觉得偶尔的事，本没有什么深意义，而我偏要细细推敲。”有人说，鲁迅先生作品的每个字，乃至每个标点符号上都趴着千千万万个研究者，实不为过。

刘勰在《文心雕龙》中说：“故善为文者，富于万篇，贫于一字。”意思是，擅长写作者能洋洋洒洒写出万篇文章，但有时也会困囿于一字的使用。何况一个字，有时候一个标点符号的使用，都凝聚了作者“反复斟酌”的心血。从出版的视角看，“一字师”指的不正是今天的编辑吗？编辑常常被称为编辑老师，其中缘故大抵如此，因此编辑理应具备“改字成金”的水平和能力，具备高出作者的文字素养，方不负“编辑老师”这一称谓。

文人学者之所以重视炼句琢字，是因为汉字是有肉身和灵魂的，联结着丰富的审美意蕴和意境。一个不讲究炼字、缺乏文采的作家，注定是走不远的；一个不重视咬文嚼字、缺乏文字感觉的编辑，也是没办法在行业立足的。既然我们胸怀对文字的崇高敬畏选择做一名编辑，那就应该在日常工作中郑重对待每一本书稿、每一篇文章、每一句话、每一个字，时时刻刻不忘初心、认认真真咬文嚼字。

咬文嚼字的三重境界

根据《现代汉语词典（第7版）》第1524页的释义，咬文嚼字意为：过分地斟酌字句，多用来指死抠字眼儿，也用来指对文字的使用反复推敲，十分讲究。本文探讨的自然是褒义，指编辑在工作中认真对待作者的文章，斟字酌句，慎重修改。

在笔者看来，“咬文嚼字”是编辑的基本素养，是对文字抱持敬畏之心的一种情怀，是身为出版人的职业操守和信仰。经过八年多的书稿编辑实践和积累，与千千万万鲜活典型的编校案例充分切磋、较量、磨合后，笔者认为编辑对书稿如何“咬文嚼字”、如何把握“咬文嚼字”的度非常重要，甚至重于“咬文嚼字”本身。

以下，笔者尝试用具体案例，浅谈咬文嚼字的三重境界。

一、第一重境界：辨是非

《礼记·中庸》有云：“博学之，审问之，慎思之，明辨之，笃行之。”意思是人要广泛涉猎地学习，审慎地求问，慎重地思考，明白地分辨，笃诚地践行。可见博学、审问、慎思都是“明辨”的前提，只有做到了前面几点，才能准确明白地分辨对错、是非。这也是笔者认为的咬文嚼字的第一重境界。

“是非是其非，非其是，非非是是何所似。”准确判断并改正作者用字、用词、语法、地名、时间等知识性、事实性、逻辑性、规范性差错是编辑工作的第一步，也是考验编辑语文功底、知识储备、出版规范等综合能力的基本要求。

在编校实践中，这类差错是最多的，常见的有多字、漏字、简繁字混用、歧义、前后矛盾、语句不通、表意不明、图与图注不符、拼音差错、时态差错、历史时间错误、地名错误等等，需要编辑们联系上下文，具体问题具体分析，如：

案例1. 他是甘当人民勤务员的掏粪工人。

辨明：根据《现代汉语词典（第7版）》第1278页，“掏”（táo）同“淘[1]”③，在同页找到“淘[1]”③处，释义为：从深的地方舀出污水、泥沙、粪便等，如淘井、淘缸、淘茅房。可见，“淘粪”是首选词，正式出版物中应该使用“淘粪工人”。

案例2. 《小桔灯》是作家冰心创作的散文。

辨明：在《通用规范汉字字典》中，“桔”只有jié的读音，而没有jú的读音。根据《现代汉语词典（第7版）》第70

页，“桔”在读作jú的音里，虽然也列了单字条目，但其释义是：“橘”俗作“桔”。可见，“桔”是“橘”的不规范字。《小桔灯》应改为：《小橘灯》。

案例3. 林则徐还亲自领导了广东禁烟，在虎门一把大火烧掉了缴获的鸦片。

辨明：虎门销烟，不是用火烧的，而是用海水和生石灰销毁鸦片。在电视剧《流光之城》里，也曾出现过“大火烧烟”镜头，犯的都是常识性差错。

案例4. 十四岁那一年，大峰参加府试，得中童生，是所有中榜者里最年轻的一位。

辨明：“大峰”指的是北宋著名高僧大峰和尚，而“府试”是我国明、清时期童生试第二阶段的考试，明中期始行，由各府长官主持。可见大峰参加的并非府试，得中的也不是童生，而应该进一步核查史料，改为符合北宋时期科举制度的考试名称和文凭名称。

以上案例，都是在是非、对错的层面对文本的各种细节进行辨别、核查、校正，属于编辑咬文嚼字的第一重境界。在这个境界，编辑的判断和修改是理性的、客观的，不涉及主观情感的成分，也与编辑的个人偏好无关，只有辨不辨得出的问题，没有改不改的余地，落笔应坚定、准确，且一“改”到位。

二、第二重境界：辨语感和内涵

汉语是具有丰富含义和审美意蕴的文化符号。“千呼万唤始出来，犹抱琵琶半遮面”，“烟笼寒水月笼沙，夜泊秦淮近酒家”，那种欲说还休、意味深长、剪不断理还乱的情感，都浓缩在由一个个汉字构成的文本之中。

编辑在“辨是非”之外，还应对书稿上下文的整体语境和内涵有所感知和把握，尽可能地“进入”作者的文本之中，设身处地，与作品共鸣，跟作者共情。

在某次图书编校质量检查中，某文学书籍中的一句表述“那时波斯国没那玩儿”被质检人员判错，理由是：“玩儿”应为“玩意儿”，漏字，扣1分。

经再三思忖斟酌，笔者的申辩理由如下：据《现代汉语词典（第7版）》第1347页，“玩”字作为名词时，意思为，供观赏的东西，例如古玩，珍玩。在中原至北方的多地方言和口语中，还有“古玩儿”“珍玩儿”的说法，这在老舍、李佩甫等人的作品中也很常见，读来活泼有趣，体现为浓郁的地方特色如“京味儿”“豫味儿”等，增强了作家、作品的辨识度。因此，该处的“玩儿”也是一个名词，我们不能将自己的认知习惯强加给作者，破坏作者营造的行文氛围。故，该处无错。

申辩通过，该书编校质量达标。后来，笔者又在《汉语大词典》第4卷第5595页找到新依据，该词典正式收录有“玩儿”这个词，列明了三层含义：1. 犹言玩意儿。指事情。廖仲恺《三大民权》：“这十几星期继续闹的还不是那些玩儿吗？”2. 犹儿戏。叶圣陶《记金华的两个岩洞》：“沿着石壁凿成石级，一边架设木栏杆以防跌下去，跌下去可不是玩儿的。”逯斐《夜航》：“你流产过两次了，可不能再逞强，这不是闹着玩儿的。”3. 玩笑；玩乐。张天翼《儿女们》：“广川伯伯瞧着他的儿子，似乎叫他别说着逗玩儿。”

图书质检工作很重要，也给了编辑申辩的机会，但申辩不等于“狡辩”，更不能诡辩，必须依据出版规范和工具书，有理有据、实事求是地辩。

还有一次，某散文集里的“阳光打在笔者的脸上！”一句，也被质检人员判错，理由是：不符合事实，“打”应改为“洒”。

其实，根据上下文，这是常见的拟人手法的运用。作者描写的是草原上美丽壮观的日出景色，多次写到阳光的“力量”、大自然的“力量”，因而不难想象，此时的日出不同于我们平时看到的日出，大草原的空旷映衬着日出时的壮美气象，人会显得格外渺小，说太阳光芒万丈从天而下，打在人的脸上，完全可以感受到作者内心的激动和悲悯之情。而且，句末用的感叹号，尤其可见作者的情感之壮烈，下笔之有力，改为“洒”字则削弱了这种力量。据查，广东教育出版社曾出版过一本书，为《让阳光打在你的脸上》，极具诗意。文学作品尤其讲究炼字，差一字，意境往往差了千万里，因此不宜改动。

在毕飞宇短篇小说《玉秀》里，有这样一句话：“郭巧巧过去一直有一个毛病，特别地莽撞，像冲锋陷阵的勇士，每一个动作都是有去无回的。现在好了，眼神和手脚里头多了一分回环与婉转的余地。虽说有些做作，究竟是个女孩子了。”“回环”“婉转”用来形容眼神，肯定是没问题的，但作者说“手脚里头”也“多了一分回环与婉转的余地”，如果遇到文学感觉欠佳的编辑，可能就会钻牛角尖，认为搭配不当。其实细读上下文，就会发现作者描摹人物非常传神，善于从细节呈现全貌，用词特别精准和生动，用“回环与婉转”呼应上句的“有去无回”，写出了一个女孩子从莽撞到懂得娇羞的性别觉醒，个中意味，尽在不言中。还有最后一句话里的“究竟”二字，也用得极好。死抠语法的编辑可能会认为这句话欠缺关联词，且犯了事实性差错，建议改为：“虽说有些做作，但毕竟像个女孩子了。”改错了吗？当然没错。可是细品之下就能发现，改后的句子显然失却了原文的灵动语感，有点僵硬，没那么有味道了，“毕竟”的“毕”字读音尖锐，破坏了氛围感。另外，将“是”改为“像”，虽然更符合事实，更准确，但生硬流俗，毫无文学性。

“你还是不是个女孩子？”“你不是个男人！”“那是块儿硬骨头，难搞！”“做个人吧，你！”类似这样的生动表述在我们的日常语言中比比皆是，尤其是一些大量运用方言写作的文本，体现着汉语的多样性和丰富度，这就要求编辑在工作中“因文施改”，具体语境具体分析，灵活对待。

可见，编辑文学类稿件，尤其应注意把握语感和内涵，注意文学表达的丰富性和创造性，这些往往是一个作家或诗人作品的重要艺术特色，他们的文本正因为具有这种区别于一般表述的异质性特征，才具备了区别其他作家或诗人的辨识度，不可大意。“咬文嚼字”在此重境界，应重在“嚼”，多咀嚼、琢磨和品味，不可执着于“咬”。同时，编辑平时应注重加强自身的文学修养，保持广泛阅读和涉猎的习惯，多参考同类书的编辑，才能逐步提高编辑素养。

三、第三重境界：辨道德伦理

“床前明月光，疑是地上霜。”笔者想借用李白这句流传千古的名句，来形容咬文嚼字的第三重境界：辨道德伦理。编辑往往是书稿的第一读者，然而编辑在面对具体文本的时候，未必能够与作者心目中的期待读者同频共振，也未必能够完全领悟作者的写作意旨，因此可能导致将作者的点睛之笔（明月光）误以为是差错（地上霜）。因而笔者以为，编辑还应将自己的职业素养修炼到第三重境界，即在面对“地上霜”（疑似差错）的时候，不能执着和纠结于霜，而要尝试从道德伦理的视角出发，发扬人文精神，多多仰望星空，寻找到最亮的那轮“明月光”（解决方法）。

汉字是具有道德伦理和人文风度的，这从造字的历程、汉字的结构和发音中便可窥见端倪。无论是象形字、形声字，还是指事字、会意字，汉字的一笔一画、一音一义里都隐含着说不完道不尽的国学典故和文化密码，都流着有情感、有温度的血液。汉语之美，正在于此，不仅有仪态之美，更有气度精神之美。

在编辑过的一本广东作家的散文集里，笔者曾遇到这样一句话："我们还吃瓜子、花生、桔子、甘蔗等零食，这些都是大人叮嘱我们在大年夜一定要吃的'好意头'食品，吃桔子寓意'吉祥如意'，吃甘蔗寓意'从头甜到尾'。"在前文的案例辨明中，我们已经讨论过"橘"和"桔"的用法，而且在《通用汉字规范字典》里表示"橘子树"义项的只有"橘"字，因此按照规范做法，应该将这句话里的两个"桔"字改为"橘"字，这也是准确简单的处理办法。然而，作者已经明确点出了寓意，寓意背后是沉淀千百年的地方习俗和文化。笔者不是第一次遇到这个案例，在一篇描写广州花市的文章里，作者写到"年桔"，强烈反对编辑将其改为"年橘"，因为广东人讲究"意头"，"桔"字里有个"吉"字，寓意"大吉大利"，改为"年橘"则完全失却了岭南风味。还有一些传记作品，涉及一些柑橘加工厂的发展历程，当年注册商标的时候用的就是"桔"字，改为"橘"的话，就不是原来那家工厂了。作者们的抗议和坚持，让编辑们犯了难。后来经探讨，我们根据不同的语境、文体和体例，采取用括号、页下注或文后注释的方法解决。像上面这句话里的两个“桔”字，我们依照规范改为“橘”字，同时在第二个“桔”字后面加括号说明，改为“吃橘（俗称‘桔’）子寓意‘吉祥如意’”。如此人性化处理，既遵守了出版规范，又充分尊重了地方习俗和文化，保留了作者文本的地域风格和特色。

无规矩不成方圆，但不能被规矩拘囿。咬文嚼字是一种态度，但不能迂腐不达事物。编辑执笔，亦如法官执水：权，然后知轻重；度，然后知长短。

在一些自媒体平台，笔者经常读到有古诗词爱好者用挑剔的眼光解读名家写的某句诗词，说不合平仄、没遵守韵律什么的，吹毛求疵地“硬杠”。这些人之中，不乏认真者（史料和论据列了几大页，可见颇费了一番功夫），但也有些人是为了蹭名家的流量，故意为之。稍有点古代文学常识的人都知道，格律诗是唐代以后才成型的诗体，仅是古代汉语诗歌的一种，又称近体诗。今人创作近体诗必须合乎格律，但如果写的是古体诗，则不一定。因此，我们不能时时刻刻拿格律去审判所有诗词。名家在有诗兴和灵感的时候，意到深处、情到浓时，还就真的非用某个字不可，没有其他字可以替代，这也是汉语的非凡魅力。比如，将“两个黄鹂鸣翠柳”改为“两只黄鹂鸣翠柳”，意境能一样吗？李白的《蜀道难》是根据乐府《相和歌辞·瑟调曲》旧题《蜀道难》而创作的一首古体诗，字里行间蕴含丰富的艺术想象，语言运用奇崛，韵律和节奏磅礴纵横，境界开阔宏大，岂能用格律束缚之？

笔者留意到，许多诗词网站和App为诗词创作者提供了诗检测、词检测、自动笺注、词牌匹配等工具，创作者只需在指定的框内输入诗句，便会显示平仄、韵律等自动检测结果，不合格律的字会被标红，提示换字，直至换到合适、合乎规范为止。文学的本质是一种审美意蕴，诗歌是一种抒情言志的文学体裁，此种过程，审美何在？情感何在？艺术灵感和诗意想象何在？科技的进步为我们带来了各种便利，但对艺术创造来说，应当心被这种便利裹挟，最终被反噬。当艺术被技术左右，终究也将被技术取代。还有诗人用AI写诗拿去发表的，这更是漠视文字道德伦理的表现。

《庄子·马蹄》云："夫残朴以为器，工匠之罪也。"意思是，把好好的木材毁坏了做成器具，这是工匠犯下的罪行。同理，把原本优秀的文本改坏了，自然也是编辑的罪过。在长年累月的工作和漫长的做书生涯中，编辑改稿改多了，对别字、错句的敏感性一直在提高，看稿的效率也日益提升——这本是好事，但也要防止形成条件反射。这个词该不该改、怎么改，往往已经成了编辑的下意识动作。因此，资深编辑更应时刻提醒自己爱惜和慎用权利，下笔谨慎，认真修炼这三重境界，既要客观、严谨、理性，又要根据具体的文本和语境，合理判断，灵活处理。

编辑工作离不开工匠精神

上一节，笔者阐述了编辑咬文嚼字的三重境界，强调编辑不能把自己当作改字机器，而应充分发挥编辑作为“人”的主体性。做书过程中的许多细节，其实都是编辑主体意识的彰显。那么，编辑要修炼这三种境界，充分发挥主观能动性和主体性，离不开工匠精神。

那么，什么是工匠？什么是工匠精神？

匠者，旧时称手艺工人、工匠，比如木匠、铜匠、铁匠、瓦匠，也说“能工巧匠”，如《韩非子·定法》云：“夫匠者，手巧也……”后来指在某方面有很高造诣的人，如宗匠、文学巨匠，这是对原义的引申和升华。我国古代科技名著《考工记》有云：“知者创物，巧者述之，守之世，谓之工。”意为，有智慧的人发明创造出器物，技术熟练的人将其记录并传承下来，然后代代相传，谓之“工艺”，而擅长工艺者，便被称为“工匠”。

随着时代的发展和社会的进步，今天我们对“工匠”的理解除了手艺人、工艺人之外，还应包括各行各业的技术工人。工匠精神也以高超的技艺和精湛的技能，严谨细致和专注负责的工作态度，精雕细琢和精益求精的工作理念等丰富内涵，成为一种良好的职业素养和理念，是第一批纳入中国共产党人精神谱系的伟大精神之一。

一、编辑工作为何离不开工匠精神

新时代中华民族的伟大复兴，离不开社会各行各业对工匠精神的继承和发扬。编辑，以前也被称为“编辑匠”，可见追求完美、精益求精、专注创新正是其自带的职业属性，是编辑工作的题中之义。在图书出版行业，编辑工作在整个出版链条中处于中心环节，编辑承担着传递知识、推广传播优秀文化、推动人类文明进步的责任和使命，编辑工作对精细、专注、耐心和质量的不懈追求，都是工匠精神的核心要素。

首先，编辑工作注重图书的高质量出版，如同工匠精神强调对产品质量的极致追求。编辑工作要求对文本进行细致的审查和修改，根据文本内容传递的思想对内文版式、封面设计和装帧印制给出合理的建议，像工匠一样对每一个细节都精益求精。无论是语法、拼写、标点，以及内容的逻辑性和连贯性，还是书名、作者名的位置，书眉、页脚的设计元素等，都需要编辑具备精湛的技能、专业的审美眼光和精益求精的态度，确保做出的每一本书都是精品。

其次，编辑工作需要长时间高度集中精神，对文本进行反复校对和修改，需要耐心和持久的专注力，这与工匠在制作工艺品时的专注和耐心是一样的。尤其是在这样一个快节奏的时代，编辑要戒掉浮躁、坐得住冷板凳、耐得住性子，对文字如切如磋、如琢如磨，以质量为王道，是很不容易的。有时为了查核一个词、一句话，需要翻阅、浏览大量的资料，甚至还要跑趟图书馆。某次，我们部门在编校一本梁启超故事集的过程中，就发现在不同故事里，出现了情节矛盾的情况。比如，在《投师康门》这个故事里，作者讲述举人梁启超下拜秀才康有为为师的轶事："麦孟华得知梁启超希望得到名师指点，便对梁启超说：'我们书院的学长陈千秋，数月前拜南海县颇有学问的康有为为师，获益颇丰。'翌日，麦孟华与梁启超便前往南海县拜会了陈千秋。"然而，在另一个作者撰写的《梁启超在万木草堂》一文里，关于梁启超拜师的缘起，却是这样的："8月间，陈千秋看望梁启超，盛赞康有为颇有新颖思想和渊博学问。梁启超听了后，非常高兴，立即要陈千秋带他去见康有为。"在同一个故事的情节中，细节略有出入，前者说梁启超去拜会陈千秋，后者却说是陈千秋来看望梁启超。经过查核多种资料，发现后者的可信度更高，于是，我们与作者沟通后，将前文的表述改为："……翌日，适逢陈千秋来看望梁启超，于是梁启超向陈千秋问及康先生之事，陈便向梁详细介绍了康有为学问广博、关心国家前途命运和颇具政治远见等方面的情况。”名人故事集或传记的撰写，是允许作者发挥文学的想象再加工的，但必须建立在尊重基本史实的基础上，尤其是同一本故事集里，不能出现情节不一致的情况。编辑审稿的时候如果不专注，或者走神了，是很难发现这种细节上的出入的。

再次，编辑工作需要与作者、美编、校对人员、发行人员等团队成员紧密合作，这与工匠精神强调技艺传承和团队合作的理念是一致的。作为“第一读者”和“专业读者”，编辑需要穿透书稿内容的表层呈现，去理解作品的创作意图、核心意旨和思想风格，领悟文本内里的隐喻表达，并将其传递给美编和发行人员，美编才能更准确地设计出符合作品风格与思想的封面和版式，发行人员也会给出更可行的宣传、推介和营销方案。

最后，编辑需要不断学习新的编辑技巧、行业动态、语言知识等，需要不断创新编辑方法和流程，以保持专业能力的提升，提高效率和质量，正如同工匠精神鼓励创新和改进，工匠也需要不断学习新的技艺和知识，以提升工艺水平和质量。

二、图书编校质量的提高，亟须编辑继承和发扬工匠精神

近年来，图书编校质量问题频出，检查结果令人担忧。

2021年，国家新闻出版署组织开展了图书“质量管理2021”专项工作，重点对2020年以来出版的少儿图书、教辅材料等进行编校质量检查，共组织抽查了100家出版单位的300种图书，经审核，认定其中62种图书差错率超过万分之一。2022年3月25日，国家新闻出版署在官网通报“质量管理2021”编校质量不合格图书，并公布书单[1]。

在公布的62种不合格图书名单中，我们看到《讲给孩子们的故事：中国古代历史上的48个人物故事》，差错率高达5.98‱，《高职生自我认同促进策略》，差错率高达5.93‱，很难想象这么高差错率的图书，是给青少年阅读的。

2023年4月14日，国家新闻出版署又发布《国家新闻出版署关于图书“质量管理2022”编校质量不合格图书的通报》，指出有64种图书差错率超过万分之一[2]。其中，《魔法妈妈的神奇密码：嘉悦亲子高效陪伴手记》《现代化进程中的瓜达尔》《音乐教育与学生能力培养》《视听创意写作》《豁达：宽心的智慧》《1937年以前的左翼音乐思想研究》等书的差错率都在5‱以上，最差的居然高达7.15‱。

编校差错率是评价编校质量是否符合出版要求的指标，

1　国家新闻出版署通报“质量管理2021”编校质量不合格图书：62种图书差错率超过万分之一[EB/OL]. https://www.chinaxwcb.com/2022/03/25/99417949.html.

2　国家新闻出版署通报图书“质量管理2022”编校质量不合格图书：64种图书差错率超过万分之一[EB/OL]. https://www.chinaxwcb.com/2023/04/14/99823735.html.

在实际操作中通常以抽查部分的编校差错率代表整体的编校差错率。根据行业标准，差错率低于万分之一的图书，才称得上是一本编校质量合格的出版物。

图书编校质量不合格，根据《出版管理条例》第六十七条和《图书质量管理规定》第十六条、第十七条规定，国家新闻出版署将依法对相关出版单位进行处罚。相关出版单位要对差错率在万分之一以上、万分之五以下的图书，自检查结果公布之日起30日内全部收回，改正重印后可以继续发行；对差错率在万分之五以上的图书，自检查结果公布之日起30日内全部收回。

国家新闻出版署和各省新闻出版局每年都会开展图书“质量管理”专项工作，对上一年度出版图书的内容和编校质量进行检查，并依据《图书质量管理规定》相关条例，给予相应的表彰或处罚。无疑，这是管理部门从制度层面对从业人员进行的有效约束，目的是进一步健全图书出版流程、落实图书质量监督管理机制和提高图书质量。

马克思主义辩证法认为，内因是推动事物变化的根本原因。要切实提高图书的编校质量，最根本的还是需要编辑加强自身素养，从内心认同和热爱这份职业，并主动继承和发扬工匠精神，能沉得下浮躁心、坐得住冷板凳。

古有郢匠挥斤、庖丁解牛、卖油翁倒油的典故，包括最早造房子的有巢氏和最早钻燧取火的燧人氏，发明了许多工具、被尊为木匠祖师的鲁班，以及前文提到的“推敲”的贾岛等，都体现了中国古代工匠在实践中的智慧和创新，体现了他们精益求精的工作态度和专注执着的工匠精神。而编辑工作中的工匠精神，指的是认真负责地对待每一本书，从把好书稿内容的政治导向、意识形态关，到知识关、文字关，到版式、装帧、设计、印制等，都要一丝不苟、精益求精，争取做精品、出精品，不让任何一本问题图书流入市场。

三、新时代编辑如何践行工匠精神

工匠精神体现的是编辑的境界和职业精神。新时代编辑在日常工作中践行和发扬工匠精神，需要在选题策划、内容质量、优化流程、创新意识和社会责任感等方面深耕细作，将精益求精、追求卓越的理念贯穿于工作全流程。

第一，以内容为王，策划和挖掘有价值的选题。注重选题的原创性、艺术思想性和文化价值是每一个出版从业者的良心和使命。编辑应敢于拒绝劣质化、同质化选题，拒绝跟风出版，不盲目追求短期效益，而应该主动通过市场调研和读者需求分析，精准定位目标受众，注重图书的长销价值，对经典作品进行系统性修订或再创作，赋予其新时代生命力，打造“小而美”的、长生命周期的垂直领域精品图书。

第二，以“匠心”打磨内容，坚守和弘扬咬文嚼字的行业精神。这是老生常谈的话题了，也是编辑“吃饭”的技能。编辑应严苛审校，坚守专业标准，确保内容的准确性、规范性和逻辑性，避免硬伤，同时对专业内容进行交叉验证，必要时邀请相关领域的专家审读指正，关注版式、字体、插图、图注、体例、格式等各方面细节。

第三，不断优化编辑流程，构建工匠体系。根据《中华人民共和国新闻出版行业标准》，结合最新的出版政策和行业法规，制定适合本出版社社情的编辑流程和规范，建立标准化与灵活性结合的流程体系，并针对不同的书稿类型（如学术专著、科普读物、文学作品、教辅读物等）灵活调整流程，尽可能地发挥每一个编辑的优长。同时，身处人工智能发展日新月异的时代，我们要用好但不依赖数字化工具，比如黑马、方正等辅助查错软件，以提升工作效率。

第四，创新融合，拥抱新媒体。2022年4月18日，中共中央宣传部印发《关于推动出版深度融合发展的实施意见》[1]，对新时代深入推进出版融合发展作出全面部署。顺应数字经济发展趋势，深入实施国家文化数字化战略，大力推动出版深度融合发展，塑造出版业高质量发展新动能新优势，是促进出版业更好担负起文化使命的重要举措。掌握新媒体传播规律、开发图书衍生内容、“纸电同步”、用新技术拓展阅读体验、与大V直播引流带货等，已有不少出版社开始实践并取得显著

1 中共中央宣传部印发《关于推动出版深度融合发展的实施意见》的通知[EB/OL]. https://www.nppa.gov.cn/xxfb/tzgs/202204/t20220424_666332.html.

成效。

第五，坚守文化使命，提升职业素养，做优质文化的“守门人”。坚持正确导向，自觉抵制低俗化、快餐化内容，是出版从业者的良心。在一个快节奏的时代，编辑更要能坐得下来、耐得住心，自觉培养“编辑匠人”特质，策划具有文化传承意义的项目，比如非遗技艺、名家访谈、岭南文化等，做优质文化的“守门人”。

须知，新时代的工匠精神不是固守传统，而是在坚守内容品质内核的基础上，积极拥抱技术变革和读者需求变化。图书编辑需以“文化匠人”的定位，在喧嚣的流量时代守护文明的尊严，让每一本图书都成为经得起时间检验的“精神手工艺品”。

第三章
Chapter

图书编辑工作理论
与实践创新

提高图书编校质量的硬实力和软功力

什么是图书编校质量？图书编校质量是编辑在出版过程中对书稿内容进行全面审核、编辑加工、校对修改和优化的结果，确保其内容准确、形式规范，符合出版标准的综合指标。图书编校质量是保障图书专业性和可读性的核心环节，是出版业的生命线，贯穿从书稿到成书的各个流程和细节，直接影响图书的市场表现和社会价值。

自20世纪90年代至今，我国先后制定和修订的关于出版物质量管理标准和规范的文件约60种，包括法律、行政规范、部门规章、标准规范（含国家标准和行业标准）等，以保证图书编校质量。问题出版物的危害性显而易见，比如错误频出损害作者及出版社声誉，地图缺失领土或引用侵权可能引发诉讼等。

笔者以为，提高图书编校质量，编辑需同时具备硬实力和软功力。

一、什么是编辑的硬实力和软功力？

这里说的硬实力，指的是根据出版物质量管理文件和行业标准规范，编辑所必须掌握的图书编校知识和技能，以及所具有的各类常识和知识储备。“打铁还需自身硬”“三年出徒，五年出师”“没有金刚钻，揽不了瓷器活”，这些行业俗谚话糙理不糙。既然干了这一行，就要把“编辑”这个饭碗拿稳、端好了。

在某本小说稿中，我们曾遇到这么一段话：

> 刘副镇长摇了摇头，叹了一口气说：“有些村长胡作非为，把这些问题企业视作发财的沃土，巧立名目大收卫生费、治安费、暂住管理费等，诸多费用被个个村官中饱私囊。有的甚至公然设立进驻安全费，名目繁杂，不一而足，年终又可以增报工业产值，增加政绩砝码。所以说，如果把这些企业都清理了，谁还会给你进贡，村官们靠什么发私财？”

在这段话中，出现了“村长”和“村官”。在中国基层治理体系中，“村长”这一称谓的使用确实存在特定的历史背景和规范要求，现在已经很少使用。2004年，中共中央办公厅、国务院办公厅联合发布《关于健全和完善村务公开和民主管理制度的意见》，首次在中央文件中明确要求“规范村级组织称谓”。2010年，民政部印发《关于规范基层群众性自治组织称谓的通知》，明确规定：禁止媒体、出版物继续使用“村长”称谓，要求地方政府在公示栏、文件中使用“村民委员会主任”。“村长”这个词，逐渐被列为禁用词和慎用词，而应该用“村民委员会主任”（或简称为“村主任”）。上面的引文来自某小说稿，又是在人物对话中，不宜将“村长”改为全称“村民委员会主任”，用“村主任”较为合适。但应注意的是，在符合特定时期历史背景的文艺作品中，“村长”一词依然可以使用，切不可“一键替换”。在媒体曝光的某问题图书中，就出现过编辑疑似将“解放后”统一替换为“中华人民共和国成立后”或“新中国成立后”的情况，不光闹了大笑话，还损害了出版社声誉。

而“村官”也是个简称，其全称是“大学生村官”，源自“大学生村官计划”，特指通过公开选拔到村任职的高校毕业生，但实际职务为“村党组织书记助理”或“村委会主任助理”。在媒体报道与学术研究中，“村官”作泛指概念时可用，如《人民日报》报道中“20万大学生村官助力乡村振兴”，但需加注说明职务性质。上述引文，我们通过体会语境可知，说话人口中的“村官”并非“大学生村官”，而是泛指某些“村干部”，因此应将“村官”改为“村干部”。

如果编辑对此类政策和知识不了解、不关注，在改稿的过程中便不会对这些称谓产生敏感性，也会因此而漏改这些属于硬伤的差错。编辑编校无小事，方方面面、各种各样的编校细节，体现出一个编辑的硬实力。

比如，还有这段话：

> 他此行的任务，是陪同新丰县生态环境局长刘元赶赴北京开会，路上两人话语不多，全都一副心事忡忡的样子。他心里慌啊，深知没法向上面交待。

这里出现了“生态环境局长刘元”的表述，是否准确呢？这就要看编辑对职务表述方面知识的掌握程度了。在出版物中，涉及党政领导的职务表述需遵循严格的规范，体现政治严肃性和权威性。职务表述需要注意以下几点：1. 首次提及需使用完整的职务名称，比如“广州市委书记某某某”“广州市市长某某某”，不可混淆层级或随意省略，避免使用“市委书记”“市长”等简称，“广州市市长”不可简化为“广州市长”；2. 党内职务优先，党委领导职务（如市委书记）需列于政府职务（如市长）之前，比如：“上海市委书记某某某、上海市市长某某某”；3. 姓名与职务顺序的标准格式为：“职务+姓名”，若需强调个人，可采用“姓名+职务”的格式，但需注意政治语境，若涉及多位领导、需联合表述时，应按照党内职务排序，若为代理职务或副职，也需明确标注；3. 若出现党和国家领导人兼任地方市委书记的情况，则需体现其双重身份；4. 在媒体报道和出版物中，可适当简化职务，但需要确保首次使用全称，涉及历史人物时，可标注任期，并核实职务与任期的准确性；5. 涉及现任或前任领导时，还需确认其职务状态（是否在任、是否受处分等），避免政治表述错误。总之，在出版物中使用此类表述时，核心是确保政治准确性、职务层级清晰、名称完整规范。

根据上述原则可知，例句中的表述“生态环境局长刘元”显然是错误的，应为“生态环境局局长刘元”，因为是小说中的人物，则需要查核职务和姓名是否和前后文一致，并且留意随着故事情节的发展，人物的职务是否有变化；例句中的“心事忡忡”用得也不妥，“心事重重”和“忧心忡忡”都是固定的成语，不建议拆解自造新词使用，两个成语词义相近，但用法略有不同，根据语义和文法结构，此处应该用“心事重重”更合适；句子最后的“交待”一词，应该改为“交代”。

看似简单的一两句话，暗藏了许多编校知识点，囊括了多种类型的差错，每一处差错细节的发现和改正，都体现了编辑应具备的语文功底、知识积累等硬实力。

提高编校质量，除了硬实力，我认为编辑还应具备一定的软功力。什么是软功力呢？我也用日常遇到的书稿中的句子来说明：

例句一：他认为如此高远的洞见，只有深度浸淫了人类文明且亲身经验了那个风云变幻时代的杰出人物才能形成并适时提出。

有校对员将该句中的“洞见”改为“见解”，且在书稿中标注了他的修改理由是：根据现汉7［《现代汉语词典（第7版）》］，“洞见”是动词，此处应该换个名词；将“经验”改为“经历”，理由是：根据现汉7，“经验”虽可以作动词，但与后面的“时代”搭配不当。改得对不对呢？当然对，这句话经过这么一改，变得更安全、更保险了。

我打开《现代汉语词典（第7版）》第315页，查阅“洞见”一词，发现词性确实是动词，释义为：很清楚地见到，如洞见肺腑。又翻到第686页查阅“经验”一词，它确实既可以作名词，又可以作动词，作为动词的释义为经历，体验，比如：这样的事，我从来没经验过。

然而，严格地遵循词典修改，就一定正确吗？请再回到原句的语境中，我们不妨尝试以作者的视角，深入体悟一下他写这句话时的情感，看看他用的几个修饰词吧：高远、深度浸淫、亲身、风云变幻、杰出、适时。不难体会到作者丰富的内心和喷薄的情感吧，将“洞见”和“经验”简单粗暴地改为“见解”和“经历”是不是削弱了此种情感呢？至于词性，其实是汉语中很常见的动词活化为名词的用法，体现了汉语的灵活性，既保留动作意象，又具象化为可指称的概念实体，在学术、文学、新闻等领域经常见到。比如，动词活用为名词后，“洞见”表示深刻的见解，“沉淀”表示体力或精力的过度消耗，“承诺”表示答应照办的事情或许下的诺言，“牵挂”表示亲人的挂记和惦念，等等。

然而，又有校对员提出了新的质疑：“洞见”本就有“高深见解”的意思，前面加“高远”算重复吗？其实，类似这样的重复在文学作品中很常见，比如“一地鸡毛的琐碎日常”（能说“琐碎”和“一地鸡毛”重复了吗？），表示强调和提醒。因为对于过去的那个时代，现在的我们已经不容易领会到作者这句话背后的深意了，所以理应允许这样的重复和啰唆。不能把文学类书稿当作数学题去做，字字句句都抱着《现代汉语词典》去找标准答案。

因此可见，原句的用词和表述是合情合理的，无须修改。编辑在校对文学类书稿的时候，一定要注意汉语的丰富性，避免僵硬修改，画蛇添足。这种软功力，关乎天赋和审美的维度，考的是编辑的语感和对汉语的领悟力，是那种“只可意会不可言传”的微妙感觉。

例句二：他又想起了明末顾炎武在《日知录·正始》中率先提出的“天下兴亡，匹夫有责”的家国观念。

“天下兴亡，匹夫有责”是中国文化中一句广为流传的警世名言，经常出现在学校、图书馆的标语墙上，但其出处并非直接来自某一古籍原文，而是后人对明末清初思想家顾炎武思想的提炼与概括。据查，顾炎武在《日知录·正始》中的原话为："保国者，其君其臣肉食者谋之；保天下者，匹夫之贱与有责焉耳矣。"1915年，梁启超在《痛定罪言》中首次将顾炎武的观点浓缩为"天下兴亡，匹夫有责"八个字，并赋予其现代民族主义内涵，呼吁民众共同承担国家命运。这一表述因简洁有力而广为传播，已成为凝聚民族意识和精神的重要口号，常被用于激励公民的社会责任感，但使用的时候应注意：顾炎武的原意侧重文化存续，梁启超的概括和提炼则强化了救亡图存的集体意识。这便是阅读古籍和原典的意义所在，不仅可以知其然，还能知其所以然，也最能体现编辑和校对的知识储备和文化积累。

例句三：魏建国想到这里一时犯难起来，他因此把自己"囚"在自家茶室泡了整整一天。直到次日，妻子一句话点醒了他："现在可是网络时代，没有什么搞不掂的事！"

这也是来自笔者责编过的一本图书中的例句，做一校的同事在"茶室"后加上了"泡茶"二字，又将"搞不掂"改成了"搞不定"。她改得当然正确，但有没有必要改呢？有没有过度修改的嫌疑呢？其实，文学创作是一个复杂而多元的过程，每个作家都有独属于自己的语言风格和表达方式，也有不少作家将方言运用在人物对话中，以凸显其作品的地域性，比如老舍文本的"京味儿"特色，莫言小说《檀香刑》中对山东方言的运用，李佩甫《羊的门》《城的灯》里的河南话，贾平凹和杨争光对陕西方言的运用，金宇澄《繁花》里的大量沪语等，太常见了。“搞不掂”正是广东人的日常口头禅，原为粤语词汇，意思是事情、工作、问题等无法妥善完成或解决，相当于普通话中的“搞不定”，用在文学作品的人物对话中非常形象、贴合实际，因此是没必要改的；而“泡了一整天”的“泡”字，本就有“故意消磨（时间）”的意思，比如泡茶馆、泡图书馆、泡自习室等，我们不能看见前面有“茶室”，就过度解读和修改，不能为了“改”而“改”，一定要在确保无错漏的情况下，尊重作者和作品的意图和原创性，把握好下笔的尺度，避免将书稿改得面目全非，失却了作者自己的风格。编辑改稿如同医生做“外科手术”，需精准切除冗余，缝合漏洞，但绝不能改变原稿的“基因”，掌握“优化不越界，修正不代写”的分寸，才能真正提升书稿质量。

二、软、硬协同的编校实战策略

由此不难发现，图书编辑的“硬实力”与“软功力”是专业能力的双翼，二者相辅相成，共同决定出版物编校质量的高度。硬实力需通过法规体系化学习与风险预判训练达成，软功力依赖跨学科语感培养与审美判断力养成；二者的协同效应可降低编校差错率，提高图书编校质量。

在探讨如何实施软、硬协同的编校实战策略之前，笔者首先着重强调一下书稿的修改原则，即必须尊重作者的核心意图和行文风格。

作者的核心理念、观点立场、核心案例等都是不可随意修改的，避免强行加入编辑个人观点，扭曲作者原意。体裁不同、类型不同的书稿各有其风格特点，要确保修改的行文特点与原风格兼容。学术论文侧重数据准确性、术语规范、文献引用等，切忌随意删减研究方法或结论；文学作品的修改，则要注意保留语言特色、叙事基调、情感张力、文化背景相关表述，不可过度修改修辞手法或人物心理描写等；新媒体文章讲究标题吸引力、段落节奏感和故事性，不能改得僵硬和晦涩，破坏其口语化与亲和力。

（一）提升硬实力：法律法规与标准规范的体系化训练

该部分涉及的内容和出版管理文件较多较重要，举部分示例以表格的形式呈现如下：

系统性学习路径简图

领　域	学习内容	工具/方法
法　律	《中华人民共和国国家通用语言文字法》 《中华人民共和国产品质量法》 《中华人民共和国著作权法》	官方渠道（如国家新闻出版署官网）、专业平台与媒体、数据库工具等
行政法规	《出版管理条例》 《中华人民共和国著作权法实施条例》 《信息网络传播权保护条例》 《中华人民共和国地图编制出版管理条例》	查阅官方网站，合理使用自然资源部标准地图服务系统、广东省公共地图服务系统等

（续表）

领　域	学习内容	工具/方法
部门规章	《图书出版管理规定》 《图书质量管理规定》 《出版物汉字使用管理规定》 《出版专业技术人员职业资格管理规定》 《使用文字作品支付报酬办法》 《图书、期刊、音像制品、电子出版物重大选题备案办法》	国家新闻出版署官网、全国标准信息公共服务平台等
标准规范	《标点符号用法》（GB/T15834-2011） 《出版物上数字用法》（GB/T 15835-2011） 《量和单位》（GB/T 3102.1-2023） 《信息与文献 参考文献著录规则》（GB/T7714-2015） 《现代汉语通用字表》 《索引编制规则（总则）GB/T 22466-2008》 《简化字总表》 《新旧字形对照表》 《汉语拼音方案》 《汉语拼音正词法基本规则》（GB/T16159-2012） 《中文书刊名称汉语拼音拼写法》（GB/T 3259-2022） 《中国人名汉语拼音字母拼写法》 《中国地名汉语拼音字母拼写规则（汉语地名部分）》 《关于地名用字的若干规定》 《图书编校质量差错认定细则》	研读学习《作者编辑常用标准规范汇编》，查阅《现代汉语词典》《辞海》等工具书；重视并做好出版社内部质检工作；定期复盘，对参与项目的编校错误、市场反馈进行总结（如建立“编校错例库”）等

（续表）

领　域	学习内容	工具/方法
标准规范	《量和单位的符号及其中英文名称》 《第一批异形词整理表》（GF 1001-2001） 《校对符号及其用法》（GB/T 14706-2018） 《科技文献的章节编号方法》（CY/T 35-2001） 《数值修约规则与极限数值的表示和判定》（GB/T 8170-2008） 《中国标准书号》（GB/T5795-2019） 《中国标准书号条码》（GB/T12906-2020） 《图书书名页》（GB/T 12450-2019） 《图书在版编目数据》（GB/T12451-2019） 《图书和其它出版物的书脊规则》（GB/T 11668-1989） 《图书和杂志开本及其幅面尺寸》（GB/T788-2018）	
行业动态	行业政策和法规变化（如涉及版权保护、出版资质、内容审查等方面的政策变化） 重大政策文件（如“十四五”出版规划） 权威媒体发布的“禁用词”清单 版权纠纷典型案例	关注国家新闻出版署官网“政策发布”栏目；订阅《中国新闻出版广电报》；留意全国标准信息公共服务平台发布的最新行业标准；参加出版专业技术人员继续教育、参与行业学术论坛、加入编校交流群等

（续表）

领 域	学习内容	工具/方法
技术应用	黑马校对软件 方正审校系统 AI校对软件	购买会员或权限，充分利用新技术提高工作效率

需要注意的是，由于法规政策和标准的更新可能会随时间而变化，建议在日常实际应用中查阅最新的国家标准公告或通过国家标准化管理委员会（SAC）官网或权威平台（如“全国标准信息公共服务平台”）核实具体应用标准。

（二）提升软功力：语境与审美的沉浸式培养

在熟练掌握和应用上述出版行业规范的基础上，我们还应注重编校软功力的提升，可从以下几个方面着手训练：

（1）语言敏感度训练

语感打磨：对比经典文学作品的不同译本，分析不同语言对语境和作品格调的影响；收集阅读经典作品的语言运用范例（如《红楼梦·脂砚斋批评本》，《我与地坛》中的景物描写，《活着》里的白描语言），提炼句式结构，对比古典与现代语言的差别，感悟汉语之魅力。

跨学科渗透：阅读社会学著作，理解群体语境（如费孝通《乡土中国》对编辑农村题材作品的帮助）；通过影视台词分析对话节奏（如《红楼梦》电视剧人物对白与原著改编的取舍，电视剧《甄嬛传》对语言的创新运用，电影《萧红》人物经典台词背后的史料与文本细节等）。

（2）审美判断力提升

视觉化思维：设计图书封面时，可对比“商务印书馆学术丛书”的极简风格与“理想国”系列的文艺调性；分析《小王子》不同版本的插图如何影响文本意境传递。

编辑日常复盘自查：以文学类书稿为例，人物对话是否符合身份设定？方言使用是否过度影响非本土读者理解？留白段落是否留有足够的想象空间？暴力/情色描写是必要叙事还是单纯的感官刺激？以读者视角：稿件是否易读、无歧义？以作者视角：核心表达是否未被削弱？以编辑专业视角：是否符合该领域规范（如学术论文格式、广告法合规）？

（三）软硬协同进化路径探索及建议

硬实力工业化：与时俱进，开发或购买规范的校对核查工具（如法律术语数据库自动标红）、软件，充分发挥工具优于肉眼校对的部分技能。

软功力人文化：定期与作者、读者开展“文本诊所”沙龙，解剖经典编校案例，分享交流经验。

能力认证体系：在出版社内尝试实行“出版能力矩阵”认证（如法律合规三级/审美把控二级），量化编辑成长轨迹。

三、编辑修炼硬实力和软功力的意义

（一）对编辑自身

职业护城河：越来越智能的AI工具可替代基础校对（如错别字检查、语法分析），但语感体悟、语境调和、风险预判仍需人类编辑把关。

资源掌控力：资深编辑凭借硬、软能力，可争取到优质作者资源。

（二）对出版行业

规避系统性风险：2020年某出版社因地图问题被重罚，硬实力直接影响机构存亡。

塑造文化价值：比如，《博览群书》杂志于2023年第六期推出新专栏“错了吗”，“重点关注国字号、省字号出版社出版的图书，就事论事，对语言失范、逻辑混乱、违背常识等阙误提出商榷意见”，“目的是希望有敬畏心的读书人，有事业心的出版家，有责任心的编辑者，都来重视图书质量，共同为正确使用汉字，纯洁祖国语言，减少图书差错，进一步提高出版物品质添砖加瓦、奉献力量”。[1]众所周知，中华书局是中国出版“国家队”的重要成员，作为中国最具影响力的古籍整理出版机构，多年来通过不断规范古籍注释体例（硬）与白

1　谢宁. 中华书局与《博览群书》就古籍整理出版高质量发展召开座谈会[EB/OL]. http://www.cnpubc.com/medias/2023/0724/40895.shtml.

话翻译信达雅（软），成为广大读者心目中的“高地”，奠定学术标杆地位。

（三）对社会文化

知识守门人：编辑决定着哪些思想以何种形式进入公共领域。

审美启蒙者：编辑通过对版面设计（软）与印刷工艺（硬）的把控，重新定义和引领大众对“好书”的认知标准。

四、结语

提高图书编校质量对于满足读者需求、推动出版业高质量发展、提升出版社声誉和形象等方面都具有重要意义。从国家要求、人民需求、行业发展和出版社自身建设需要来看，夯实编校水平、提高出版质量是推动出版业高质量发展的重要举措。具体到日常工作中，编辑的硬实力是“防止犯错”，软功力是“创造价值”。在算法与流量主导的时代，兼具规范铁律与审美柔性的编辑，方能守护图书内容的尊严与思想的重量。

图书质检中的申辩技巧刍议

在日常的图书编校质量检查工作中，我们有时会遇到图书被上级主管部门抽检、判定为不合格的情况，若质检部门对差错的认定存在争议，出版社或责任编辑则需通过专业、理性的申辩维护自身合理权益，同时展现整改诚意，并改进质量。

图书编校质量检查中的申辩技巧主要包括以下几个方面：

一、关注差错类型，完整复核原始材料

有时候，质检人员可能将某些差错类型判定得过于苛刻。例如，将漏标点符号判定为漏字或多字类型，因为加上适当的标点符号即可使语句更加通顺。

我们曾经申辩过这样一个案例。书中原文为：这是一个人对外部世界无障碍的完全接纳，而这正是“艮其背，不获其身”的隐义，用现在的话语来讲，就是一种心如止水而又不妨碍其身自由的一种活状态。质检老师认为应该将“活状态”改

为“生活状态”。编辑申辩理由为：其中的“活状态”是相对于“艮背”（上段话里明确指出，“艮背行庭”是一种无我无物的境界）而言的，指的是一个人在修身养性的精神向度上所达到的一种自由的、活的状态，不仅限于生活状态。但这个词很大程度上是作者的自造词，应该加上双引号，以免产生歧义，所以该处应以缺少标点计错，扣0.1分，而非1分。

对于吹毛求疵型差错，即用词、用字要求过于苛刻但根据词典义项或上下文语境又能解释得通的差错，可以进行申辩。某次，某图书中的“富首”被判定为“颠倒用字”，编辑申辩如下：据《现代汉语词典》（第7版）第1205页，“首”的第3个义项为首领，如祸首。显而易见，“富首”与“祸首”中的“首”意义和用法一致，虽然“首富”在日常的表述和传播中更为常见，但“富首”也不违词法，就像鲁迅先生经常将“命运”写作“运命”一样，是有深意在其中的，应尊重作者的书面表达习惯。所以，在文学作品不影响读者理解和允许有多样化表述的前提下，该处是正确的。

二、合理运用权威依据

申辩时要提供权威的依据，如辞典、教科书、专业书籍等，以证明自己的判断是正确的。对于依据不充分型差错，如质检要求将异体词改成通用词，但原文是引用古文献的情况，可以根据文本情况决定是否需要遵照原文。

在前文《咬文嚼字的三重境界》中，笔者曾举过“玩儿”一词的案例，这是我们在某次编校质量检查中被判定为漏字的真实案例。书中原文为：那时波斯国恐怕没那玩儿。质检老师认为应将“玩儿”改为“玩意儿”。编辑的申辩理由如下：据《现代汉语词典》（第7版）第1347页，“玩”字作为名词，意思为，供观赏的东西，例如古玩，珍玩。在中原至北方的多地方言中，还有“古玩儿”“珍玩儿”的说法，在老舍、李佩甫等人的作品中很常见，活泼有趣，体现为浓郁的地方特色如“京味儿”“豫味儿”，增加了作家、作品的辨识度。该处的“玩儿”也是一个名词，我们不能将自己的语言习惯强加给作者，破坏作者营造的行文氛围。

三、注意申辩的策略和话术

申辩要精确，直指问题核心，这需要责任编辑具备一定的专业素养。申辩意见要表述到位、专业，依据要靠谱，避免使用“不算错”“也可以”等模糊表述。

策略1：技术性申辩——引用权威规范和标准

适用场景：标点、数字用法等模糊地带的争议。

话术模板：“根据《GB/T 15834-2011标点符号用法》第×条规定，此处使用‘——’（破折号）符合‘补充说明’语境，建议不认定为差错。”

案例：质检认为“1990年代”应写作“20世纪90年

代”，可根据《出版物上数字用法》申辩，其中明确规定，表达年代用阿拉伯数字和汉字数字都可以，且“20世纪90年代”“二十世纪九十年代”与“1990年代”并存。“1990年代”这种形式借鉴了英文的年代表达形式，很好地体现了编码效率原则。此外，每个世纪的年代从20年代（如：1920—1929）到90年代（1990—1999）：一个世纪的前两个十年不称年代，分别称为“最初十年”（如：1900—1909）和“第二个十年”（如：1910—1919）。

策略2：合理性解释——阐明编辑和作者意图

适用场景：表述风格、术语选择的个性化处理。

话术模板：“本书为少儿科普读物，将‘抗坏血酸’改为‘维生素C’属适龄化改写，符合《出版管理条例》第十七条‘适应不同读者需求’的要求。”

案例：质检认为书中的“AI”未统一为“人工智能”，可解释“AI”为行业通用缩写且全书术语表已作注释。质检认为报刊名少加了书名号，可阐明在不产生混淆的情况下，也可以省去书名号，比如：和他一起住的是一位南方日报社记者；当以报刊名指代出版单位时，在不产生歧义的情况下，可以不加书名号，比如：她是羊城晚报记者。质检认为书中的“公里”未改为“千米”，可解释说明在过去年代，人物对话中的习惯性术语表述应保留，以符合特定年代的特征。质检判定“辨证施治”为错，可阐述中医学书中的术语有其特定含义，用字是不能随意更改的。

四、了解质检规则和扣分标准

作为责任编辑，我们必须熟悉《图书编校差错率计算方法》以及上级行政管理部门的相关规定，了解质检字数如何计算、差错如何计分等。在申辩时，可以指出质检是否符合质检“法定规则”，质检程式是否“程序合法”，以及质检应用的扣分规则是否有误、是否畸重等。

对于质检指出的差错，要以平和的心态和客观的态度认真对待。确实是自己的疏忽就认错，不狡辩，不诡辩；确实是质检误判则需充分利用各种工具书、参考资料和网络资源，力争在申辩阶段查证核实清楚，做到申辩有据，让复审或终审老师能了解到真实情况。

需要注意的是，编辑应严格遵照《出版管理条例》，对于质检报告中的硬伤性差错（如错别字、知识性错误、问题地图、领导人姓名职务）必须承认，不可狡辩；对于有争议的标点符号用法、表达习惯差异等，则需根据具体书稿和上下文语境慎重考量；对于质检误读或标准使用不当（如差错率算错）等情况，则应有理有据地客观申辩。在申辩阶段，编辑尤其应掌握一些沟通技巧和规避风险的办法，除了运用以上申辩策略外，还应诚恳表明对于处理硬性错误的态度，比如可以写明：“此类问题已纳入我社日常培训重点，附修订后的《编校差错案例库》第×条。”若有必要，可提交书面整改计划，如聘请第三方专家复审同类图书。

综上所述，图书质检中的申辩技巧，是“不得已而为之”的补救措施，编辑平时工作中应重视语言基础知识，掌握编校质量硬实力和软功力，提高编校水平，减少图书差错的发生。如果发生了图书编校质量被判定为不合格的情况，有效申辩需兼顾“合规性举证”与“整改诚意展示”，最终目标不仅是减少处罚，更是通过争议解决反哺质量管理制度。因此，建议出版社每年汇总申辩案例开展编校质量复盘工作，优化编校流程，将质检反馈转化为质量防控能力。

如何撰写书稿审读意见

编辑撰写书稿审读意见是一项细致、专业且重要的工作，目的是客观评估书稿质量，提出改进建议，帮助作者优化内容，不仅体现对作者劳动成果的尊重，也是确保出版物质量的关键环节。

《肝胆两昆仑——刘琴西、刘尔崧兄弟的红色传奇》是笔者所在出版社2019年获广东省委宣传部重点资助出版项目的一本传记文学作品。在书稿排版之前，笔者曾为其写过一份简要的综合审读意见：

关于纪实作品《肝胆两昆仑——刘琴西、刘尔崧兄弟的红色传奇》综合审读意见

本书以中国共产党第一批五十多名党员之一的中国工运领袖、广东紫金人刘尔崧及其同胞兄长——广东早期农民运动先锋刘琴西兄弟俩“一门双烈”革命生涯为主线，抒写了早期共产党人舍生入死，为革命抛头颅、

洒热血的革命事迹，忠于史实，忠于人物原型，情节生动，人物丰满，读来令人激情澎湃、感动至深，更能体会到当今幸福生活的来之不易，是献给新中国成立七十周年的好作品。

本书分为上、下两篇：《刘琴西：中国最早的红色政权的创建者和领导者之一》和《刘尔崧：中国工人运动的先驱》，分别围绕两兄弟的生平、革命经历展开叙事，将两兄弟的主要事迹分开来写，又在各自的部分有所交叉，显得主次分明、逻辑清晰，力求详细地再现二位革命先驱的英雄岁月。作者在写作中忠于史实和文献，引入大量的材料，遣词用字谨慎准确，没有夸饰和拔高，褪去了文学作品中虚构和想象的成分，作品的史学特征强于文学特征。因此从这个意义上来讲，该书不同于一般的报告文学作品，它不以故事情节取胜，不以猎奇博人眼球，它是一部严肃的个人革命史，一首荡气回肠的英雄史诗，具有深刻的革命教育意义，即便语言平实如话，也丝毫不影响文本自身的光芒。

书稿的创作过程历经坎坷，史料的寻找和查核极其不易，尤其得益于刘琴西的儿子——86岁高龄的刘乃超同志的直接帮助，又在当地文史部门的支持下，作者谢友义数易其稿，用词用语历经多番斟酌、校正，以做到客观地还原那段历史，再现人物的生平原貌。作为紫金本地人，谢友义充分利用地理优势，对当地的历史、传说也都作了详细、严谨的采访和考证，使得书稿更加充实和严谨。

总体上来说，本书充分按照共产党内对刘尔崧、刘琴西二人的历史定论，是以此为基点展开的纪实文学创作，堪为新中国成立七十周年的献礼作品。书稿尚未排版，所以体例稍显凌乱，后期会对此作统一调整，改正文法错误，但其中的大量史料文字均出自文献，建议保留原貌。

综上所述，这是一部充满正能量，又具备较高艺术性，能吸引当下读者尤其是青少年读者的红色作品，具有较高的出版价值。

长篇小说《长征128壮士之歌》是笔者2018年责编出版的一本红色革命题材的图书，原书名为“壮士之歌”，年初阅读完原稿后，经与作者沟通，我将书名改为“长征128壮士之歌”以突显关键词，并写了下面这篇审读报告：

长篇小说《长征128壮士之歌》审读报告

该书的作者沈邢台是一位老红军的后代，其父亲沈先夫在长征中任朱德总司令的警卫排长，历尽险阻，最终把朱总司令安全护送至陕北延安。这段真实的经历，收录在中国吉林省委党史研究室1996年组织编撰的回忆录《沈先夫传》一书中。

中国红军长征胜利距今已有82周年的历史，沈先夫同志也已故去，其女儿沈邢台怀着对父亲的思念，对长征精神的崇敬和缅怀，写了这部以真实人物、真实故事为原型的长征题材小说。正如作者在该书的《前言》中所说的，她写此书的初心是：“退休后，我一直想写一本书，把父亲讲的这些故事，他的亲身经历，通过文学作品的形式传递给我们的子孙后代，让他们牢记那段历史，把红军伟大的长征精神传承下去！……近年来，习近平总书记反复强调：不忘初心、牢记使命，继续前进。总书记讲道：‘缅怀先烈、不忘初心，走好新的长征路’。……我是老红军的女儿，我有责任更有义务，为传承伟大的长征精神尽我的微薄之力！让伟大的长征精神代代相传，让新时代的长征永远在路上……”

因此，该小说以长征为历史背景，叙述了红四方面军的一个连队三次爬雪山过草地过程中发生的可歌可泣的惊险悲壮故事，其中的人物形象均以沈先夫及其战友们的真实故事为原型而创作。作者以习近平总书记“缅怀先烈，不忘初心，新时期呼唤长征精神，走好新的长征路”的重要讲话精神为创作契机，将前辈的亲身经历以文学作品的形式呈现于纸上，为我们重现那一段艰难曲折的岁月，重现先烈们为国牺牲的大无畏精神，情感真挚，令人动容。长征途中，一张张青春的面孔随时被死神吞噬的画面，一个个亲密的战友饿死、冻死的惨状，一条条鲜活的生命瞬间消逝的场景，如电影镜头般呈现，凄婉悲壮。这个连队出发时有128人，长征结束时仅剩2人，牺牲了126人，这些都是真实的数据和史实，也是该小说取名“长征128壮士之歌”的用意所在——在今天和平的年代里，在幸福和谐的日子里，我们千万不能忘记先烈们当年的牺牲，不能忘记伟大的长征精神。

不难看出，作者写作的初衷是真诚的，作品题材也很好，但我们在审读中也发现，由于作者非专业的文学创作者，且年近八旬，在写作中带有强烈的主观感情色彩，情感丰富饱满，但文笔稍逊，叙事行文也较为粗糙，但总体上不影响读者阅读，也讲好了一个长征的故事，具有深远的教育意义，经编辑加工优化后值得出版。

以上两份审读意见，在出版行家眼里或许并不算很专业、很全面，但它们是我早年日常编辑工作经验的记录，见证了我一点一滴的成长和进步。

据此，我们可以尝试总结出一份审读意见撰写指南（包括但不限于以下几个方面）：

一、审读意见的核心目标

客观评价：基于书稿内容、逻辑、学术价值或市场价值等维度，给出理性分析。

发现问题：指出书稿在文字、图片、结构、观点、表述、体例等方面的问题。

提供建议：针对问题提出具体可操作的修改方向或建议。

二、审读意见的基本框架

（一）总体评价

基本概况：简要说明书稿的内容、主题思想、目标读者、预期定位（如文学作品、学术著作、大众读物、教材教辅等）。

初步结论：是否达到出版标准？是否需要编辑加工，甚至作重大修改？是否有把握不准的内容需要送上一级审读？

出版价值及意义：总结书稿的创新点、艺术特色、学术贡献或市场潜力。

（二）具体问题分析

内容问题：观点矛盾、论据不足、论证逻辑断裂；事实性错误或数据过时（需标注具体页码）；前后表述不一致、案例重复或与主题关联性弱。

结构问题：章节比例失衡（如某章节过于冗长）；前后衔接生硬，缺少过渡段落；目录层级混乱或标题表述模糊。

语言问题：表述口语化或过于晦涩，不符合目标读者的阅读习惯；语法错误、标点误用、术语不统一。

体例问题：图表编号混乱、图注格式不统一、参考文献格式不规范等。

（三）修改建议

针对性建议：针对每类问题提供具体解决方案。

示例：第109页的“1944年，中国战场的抗日战争已经进入第十四年”一句，因为抗日战争时间为1931年9月18日至1945年8月15日，该句宜改为“1944年，中国战场的抗日战争已经进入第十三年”；第六章篇幅占比45%，建议拆分为两章，或删减部分类型相似的案例。

全局性建议：建议调整全书结构（如合并章节或补充导言），并提示补充必要内容（如增加案例、优化结论部分）。

示例：本次编辑加工还对书稿中大量使用的“便”“就”“了”“是”等字根据语境加以修改，使书稿的语言表达更符合现代汉语规范，比如第19页“但是直到某一日，她打开了行李箱，便发现了里面添置了的各种药品和盘缠一句，改为“但是直到某一日，她打开行李箱，发现了里面添置的各种药品和盘缠”；第25页“你们无法联系上我，便就别等了”一句，改为“你们无法联系上我，就别等了”；第39页“林明察觉到了文文的不安，却也是不知道怎么宽慰她才好，毕竟他也是很疑惑”一句，改为“林明察觉到了文文的不安，却也不知道怎么宽慰她才好，毕竟他也很疑惑”。

（四）其他注意事项

若书稿涉及敏感内容（如民族、宗教问题等），需明确标注风险点；学术类书稿需评估文献引用规范性和学术诚信问题。

三、写作技巧与注意事项

语言表述：立场明确，表述简练客观，避免主观臆断。

推荐句式：“建议优化……”“可能存在……风险，需进一步核查”“某部分逻辑稍显薄弱，可补充……”等。

格式清晰：使用编号、分段、加粗标题等方式突出重点；引用原文时标注页码（如“P45第三段”）。

差异化对待：学术著作需侧重论证严谨性，文学作品偏重艺术性和思想性，大众读物需关注可读性。

附注说明：若需作者配合补充材料（如授权书、原始数据），则应单独列明。

四、审读结论

推荐表述：“该书稿修改后具备出版价值，建议退回作者修改，重点解决上述问题。”

审读过程中需保持专业性与建设性态度，避免武断评判。通过明确问题、提供可执行性建议，编辑撰写的审读意见既能帮助作者提升书稿质量，也能为出版社决策提供依据。

04

第四章
Chapter

融合出版探索

新时代媒体出版社的发展困境与突围策略

——以羊城晚报出版社为例

随着市场经济的发展、数字科技的进步，传统媒体和纸质出版正在遭遇前所未有的困境与挑战，时代的洪流迫使我们不得不正视和应对碎片化阅读时代的全面到来。身为从业者，我们既不能沉湎于二十世纪八九十年代出版行业的辉煌和光环中故步自封，也不能在铺天盖地的新媒体碎片信息和日渐低迷的图书营销市场环境中迷失方向，从而对纸质出版的未来丧失信心。

作为羊城晚报报业集团的重要一员，羊城晚报出版社具有得天独厚的媒体资源优势和品牌优势。近年来，面对激烈的市场竞争环境，羊城晚报出版社结合自身特色，整合集团报业资源，书报联动，进行出版融合人才培养的创新运作，积极探索出版定位和方向，深挖地域文化，厚植羊晚品牌底蕴，打造纯文学类精品图书，努力提升社会效益和经济效益，助力出版高质量发展。

一、发展困境

（一）新媒体传播方式带来的冲击

这是纸质媒介遭遇的共同挑战和困境。纵观古今，在信息传播方式和阅读方式不断发展变化的历史长河中，人们从语言文字产生以前的结绳记事，从对于神话传说的原始想象、口耳相传，到造纸术、印刷术的发明问世，到阅读文学作品、哲学经典专著，再到今天的电子阅读、碎片化阅读等等，传统的信息传播方式已发生天翻地覆的变化。

尤其是新时代以来，大众传播领域不断发展，新媒体传播方式日新月异，迅速抢占市场份额，给纸质出版和阅读带来巨大的冲击，也导致人们的阅读行为从深度阅读逐渐变为浅阅读、弱阅读。虽然众所周知，纸质出版的门槛高、质量高、文化含量高，但在电子书渐成潮流、新媒体信息无孔不入的冲击下，购买、阅读纸质书的群体依然在不断减少，图书市场的式微对今天的出版从业者来说，是一种巨大的挑战，也对图书内容和质量提出了更高的要求。

（二）电商平台成为图书最大的销售渠道

在图书零售方面，出版社传统的发行模式也在遭受冲击。随着互联网的广泛普及，物流业的迅猛发展，电商平台线上补贴活动不断增多、力度不断加大，原本在实体书店消费的市场下沉用户，逐渐转移到电商平台，并展现出较强的购买力。当当、京东、天猫、拼多多，以及抖音和视频号直播已然成为重要的图书销售渠道。“4月16日，在第29个世界读书日来临之际，抖音电商在北京举办‘直播间里的全民阅读’活动。现场数据披露，第一季度抖音电商图书销售超1.5亿单，每天售出图书超200万册。……第三方报告显示，短视频、直播已经成为新书首发的重要渠道，在短视频、直播电商中销量前100的图书，有15本是新书。”[1]2024年，董宇辉曾带货《人民文学》和《我的阿勒泰》等图书。前者创下“4小时卖了近100万本”的记录，“据报道，这场活动累计观看人数895万人，最高同时在线70多万人，获得上亿点赞。当晚8时至12时，《人民文学》2024年全年订阅在4小时内卖出8.26万套、99.2万册，成交金额1785万元，销售码洋1983万元”[2]。8月21日晚，“作家李娟做客@与辉同行抖音直播间，……李娟作品《我的阿勒泰》《遥远的向日葵地》《九篇雪》《冬牧场》《阿勒泰的角落》《走夜路请放声歌唱》及《羊道》三部

1　图书出版市场加速回暖，抖音电商每天售出图书超200万册[EB/OL]. http://www3.xinhuanet.com/tech/20240417/ad1e2ee2b7924ef0bdf5af92dabcbaf7/c.html.

2　再创纪录！董宇辉带火75岁杂志《人民文学》，4小时卖了近100万本[EB/OL].http://www3.xinhuanet.com/tech/20240417/ad1e2ee2b7924ef0bdf5af92dabcbaf7/c.html.

曲，同步上架抖音电商并引发广大读者追捧，累计售出超14万单”[1]，二人对谈中的“一坨巨大的赞美”引发争议并迅速冲上话题热搜，再次产生“出圈”效应，虽然未能达到高质量文化访谈的预期效果，但从商业的角度和销售数据看，这无疑是一场成功的图书营销。

目前，羊城晚报出版社的发行渠道依然是以新华书店和图书馆等实体系统为主，少数品类也有与京东和当当等电商平台合作，但线上促销活动越来越多，动辄半价的折扣力度，也给出版社带来了巨大的压力，加上纸张和人工成本的不断上涨，一场活动下来，往往只能赔钱赚个吆喝。在如火如荼的短视频、直播卖书等市场风云中，出版社的发行和销售思路亟须转变。

（三）养生保健类图书出版资质受限

羊城晚报出版社自1998年成立以来，依托报社、服务报社，致力于深耕“民生”和“文化”两大品牌，发挥《羊城晚报》文化大报和民生大报的核心优势，深耕平台资源，将“民生”和“文化”作为出版工作的重要抓手，关注时代社会发展，关注人民身心健康，关注人文学术，出版了一系列涵盖新闻类、经济类、医药卫生类、生活保健类、文学艺术类、社会科学类图书，尤其是大力打造了一系列满足广大人民群众

1 李娟作客“与辉同行”抖音直播间，《我的阿勒泰》等书售出超14万单[EB/OL].https://www.xhby.net/content/s66cd2b31e4b03f2293aace19.html.

身心健康需求的养生保健类图书，比如《通俗中医药丛书》《六味地黄的新发展》《寿而康——邓铁涛谈养生》《儿童食疗》《中药材饮片鉴别图典》《实用中医效方丛书》《老中医食疗汤水》《健康调治妙方》《古琴音乐与中医养生》《餐桌上的食材》《餐桌上的药材》《健康有道丛书》《天然食物调理健康配伍指南》《名中医教你轻松降血压》等，深受读者好评，成为社里的重点书、畅销书、长销书。

然而近年来，随着养生保健类出版物资质准入制度的实行，羊城晚报出版社在该类图书选题的拓展方面失去优势，不能再独立策划出版该类图书选题。这对出版社的发展无疑是迎头痛击。

二、突围策略

习近平总书记深刻指出，文化是一个国家、一个民族的灵魂，文化兴国运兴，文化强民族强。作为出版从业者，我们必须牢记，出版业是关于文化的事业。出版工作是党的宣传思想文化工作的重要组成部分，是开启民智、传承文明、凝心聚力的重要手段，承担着传播真理、引导和教育国民、服务社会、建设文化强国的重要责任。作为文化强国和出版事业建设的重要阵地和载体，在中国出版业迈向产业化的进程中，出版社面临新形势、新任务、新机遇和新挑战，要寻求突围和发展路径，必须围绕“文化”发力和创新，必须具有高度的文化自觉和文化担当，进一步提高出版物文化含量、质量和品位。

（一）明确出版思路和定位：文化立社

在继续做好原有养生保健类图书重印和发行工作的基础上，羊城晚报出版社进一步明确思路和定位，逐渐有意识地将工作重心转向岭南文化图书选题的开发、策划和拓展，且更加注重依托集团的品牌和资源优势，深挖地域特色文化，推动图书出版融合向纵深发展。

广东是岭南文化中心地、海上丝绸之路发祥地、中国近代民主革命策源地、改革开放前沿地，拥有丰富的历史文化资源。羊城晚报出版社多年来一直致力于岭南地域特色文化、红色历史文化和地方志等图书的深度挖掘，打造“岭南文脉”系列图书，编撰地方志类图书，为广大读者提供文化滋养，讲好岭南故事、广东地方故事，增强地方文化自信。

1. 深耕岭南文化、文史类图书。近年来，羊城晚报出版社深耕广东各地市，策划出版的岭南文化、文史类图书，有讲述惠州市惠城区三栋镇崇文重教、习武尚义、物饶民丰、开拓创新发展历程的《三生万物》，有聚焦惠州市惠城区文化遗产，记录珍贵文保、老街旧巷、民风习俗、舌尖美味等城市建设和发展印记的《惠城印记》，有活用文史资料，讲述名家与南粤、名人故地、南粤老字号、文博今昔等故事的《岭南文史拾贝》系列丛书，有探讨新时代戏曲电影守正创新之路的《新时代戏曲电影之美》，有呈现深圳墟市历史脉络，梳理墟市与城市、经济、社会、文化发展关系的《深圳墟市文化》，有讲述新会陈皮故事、推广陈皮药用价值的《广陈皮密码》，有探索广府语言文化的《广府俚语溯源》，还有讲述清远市清新区民间习俗和龙舟文化的《清新三人燕尾龙舟竞技》，等等。这些图书多维度多视角地展示了岭南文化的迷人风采和魅力。

2. 打造“岭南文化/文史/文脉”系列图书。近年来，羊城晚报报业集团多方面多手段大力发挥“岭南文化大报”特色优势，在全省各地开展颇具匠心的“文脉追寻”活动，推出了系列报道。鉴于此，羊城晚报出版社顺势策划出版《走读岭南文脉》《佛山文脉》《典籍里的佛山》《博罗文脉》《广州公交文脉》等“岭南文脉”系列品牌图书，在选题策划和版式呈现上，不仅仅是将报道简单地梳理汇编成册，而是力求以一种新的眼光和标准全面审视和充分认识岭南地域文化的个性和价值，营造一种文化和阅读氛围，进一步激发全社会对岭南文化的兴趣和关注，推动地域文化的发掘、整理和研究，收效甚好。比如，在“滋养民族心灵　培育文化自信”佛山市2023年“世界读书日”暨全民阅读系列活动中，以故事形式讲述岭南广府文化特色的《佛山文脉》一书入围2023年佛山共读候选书单。[1]《广州公交文脉》一书出版后，成为一张讲好广州公交

1　佛山市2023年“世界读书日”暨全民阅读系列活动开启[N]. 佛山日报，2023-4-23.

故事的新名片，为读者呈现的不仅是一部广州百年公交发展的历史，也是一部广州城市文明发展史；历史感与现代感在书里交融，能给不同年龄段的读者带来不同的阅读感受。2023年10月25日，《典籍里的佛山》新书发布会在佛山召开，与会专家给予极高评价，认为该书为年轻人了解佛山搭建了一个窗口，全书以文字+漫画的形式，将佛山典籍记载的历史与名人轶事重新呈现。[1]

目前，“岭南文脉”系列图书已成为羊城晚报出版社品牌选题，未来还将继续开拓深挖，为广东更多地市量身打造独具特色的文脉图书，并借助羊城晚报全媒体平台和出版社读书频道，向海内外图文并茂地展示推介岭南文化，加深世人对岭南文化活力和魅力的广泛认识，增强文化自信，为建设文化强省作出具体的贡献。

3. 合作出版地方志图书。近年来，羊城晚报出版社与各地市合作出版的地方志图书，数量呈不断增长之势，且有不少书获奖。2024年初，由中国地方志工作办公室、中国地方志学会组织开展的第九届全国地方志优秀成果（年鉴类）评审活动结果揭晓：羊城晚报出版社出版的《越秀年鉴2022》《郁南年鉴2022》分别荣获全国一等奖和全国三等奖。与此同时，在

1 探寻岭南文脉经络，讲好新时代“佛山故事”！羊城晚报发布最新文化力作《典籍里的佛山》[EB/OL]. 2023-10-26. https://news.ycwb.com/2023-10/26/content_52286462.htm.

2023年广东省年鉴质量评审中，羊城晚报出版社共有9部年鉴获评优秀，其中《越秀年鉴2022》《郁南年鉴2022》获评省级优秀一等年鉴，《南沙年鉴2022》《新兴年鉴2022》《肇庆高新区年鉴2022》等获评省级优秀二等年鉴。

（二）整合集团文化资源，书报联动

“书报联动”是经济出版社原社长高路在2006年提出的理念，指的是媒体出版社的出书定位有两个层次，一是报业集团产业链的延伸，二是要与主办出版社的主媒体匹配。[1]

这个理念在今天仍不过时，对于羊城晚报出版社来说，结合自身实际，深耕羊城晚报文化产业链、借助集团资源优势寻求互利共赢，正是不二选择。

多年来，羊城晚报报业集团坚持“文化办报”，持续在推进媒体深度融合发展的道路上坚守紧扣“文化”主业，在加速走向融合转型新赛道的要求之下，报社内部持续打通渠道，不断推动媒体融合纵深发展，实现生产传播全流程全要素重构整合，成绩显著。

面对困境和挑战，作为羊城晚报报业集团旗下的一员，羊城晚报出版社主动拥抱依靠集团，寻求内部资源整合优化机遇，致力于厚植羊城晚报文化品牌底蕴，改革创新，领风气之先，走出一条具有羊晚出版特色的高质量发展之路。

1　高路，黄升民，明安香，丘克军，喻国明. 报业发展媒体出版社如何变强？[N]. 中国新闻出版报，2006-1-27.

1. 与集团报社和兄弟单位合作，打造文学艺术类重点图书

羊城晚报“花地文学榜”是闻名全国文学界的品牌活动，已创设十周年，十年来上榜的作家里有名家、大家，也不乏文学新人，有力地推动了中国当代文学的发展。羊城晚报出版社将历年文学榜发布概况按照年度长篇小说、年度短篇小说、年度诗歌、年度散文、年度文学评论、年度新锐文学等获奖作家、入围作品、评委阵容以及盛典活动等编撰成集，命名为《文种花地》，正式出版，再现活动现场和当时新闻报道的异彩纷呈及热烈反响，为今后的当代文学研究保留了珍贵的文本资料。

除了《文种花地》，出版社近年来与报社合作出版的图书还有《粤派批评面面观》《花地飞鸿二十年：我与全国著名作家文学通信选集》、《岭南文史拾贝——广东省政协特约专栏文汇》系列丛书、《探寻岭南文旅大文脉》《广州公交文脉》《粤港澳大湾区（广东）文史论坛》《晤对集——走近岭南名家名作》《点亮粤文艺》等，即将出版的有《“老外”岭南笔记》等。这些图书虽然受众范围较小，不能在市场盈利，但均是具有较高文化品位和文化积累价值的出版项目。出版社理应在财力允许的条件下，将社会效益放在首位，坚持“文化立社”的原则，书报联动，承担起这份文化责任。毕竟，社会效益与文化责任是出版业的核心价值所在，出版业既

要遵循物质生产规律，又要不忘初心，遵循精神生产规律，为中国从出版大国走向出版强国作出自己的贡献，助力高质量发展。

2. 进行出版融合人才培养的创新运作，上线“读书”频道

近年来，羊城晚报出版社注重人才的全面成长和发展，力求从传统出版向智慧出版迈进，不遗余力培养出版融合编辑和人才。在提高基本编辑技能方面，除了广东省出版局组织的出版专业技术人员继续教育培训外，出版社还鼓励员工参加各种形式的编辑技能培训和学习，积极为员工提供培训机会，有集团不定期组织的青年理论学习提升工程、全媒化新闻传播人才高级研修班、暨南大学传媒讲习班、AI时代出版融合发展论坛、羊城晚报社—采编资源库升级改造项目多模态资源中心培训等，出版社也会定期举办编辑、编校文化沙龙，编辑们共同分享图书编校经验，交流心得体会。

羊城派是羊城晚报官方App，金羊网是羊城晚报官网，2023年3月8日上线的羊城派、金羊网“读书”频道，是出版社借助集团报社平台，为培养融合出版人才作出的重大举措。新书出版后，出版社第一时间在“读书”频道发布书讯、书评、图书精彩内容节选、获奖信息、创作心得、阅读反馈及主题征文信息等，同时附上购书小程序码，方便读者购买。迄今为止，这是广东省官媒App上的第一个也是唯一一个“读书”

频道，是羊城晚报出版社推动图书出版向融合纵深发展、构建出版社全媒体传播体系的重要尝试，“读书”频道团队的编辑们均由出版社图书编辑兼任，左手做书，右手写书评、做新媒体，既锻炼做书的基本技能，又培养对图书市场和受众的敏锐触觉。

下一步，待人才队伍成长壮大之后，羊城晚报出版社拟开通视频号，联合微店，线上直播卖书，将策划开发的系列精品图书推介给广大读者。

（三）打造纯文学精品图书

1. 策划出版广东“鲁奖”图书。2023年10月30日，第十一届广东省鲁迅文学艺术奖（文学类）经初评、终评两个阶段的评选，产生了30部（篇）获奖作品。由羊城晚报出版社出版、林馥娜著的《诗者的织物（诗歌卷）》荣获第十一届广东省鲁迅文学奖诗歌奖。广东省鲁迅文学艺术奖（文学类）是广东省最具权威的文学大奖，旨在鼓励广东省优秀长篇小说、中短篇小说、报告文学、诗歌、散文杂文、文学理论和评论、儿童文学的创作，推动社会主义文学事业的繁荣发展。

据悉，由于受到新冠疫情的影响，第十一届广东鲁奖评选活动距第十届（2017年）时隔六年之久，参评作品众多，涌现出许多优秀作品，竞争非常激烈。林馥娜之所以能够脱颖而出，取决于以下几点：首先她是诗歌创作经验丰富的本土诗人，在诗歌中表现出了她作为诗人的文学主体性，其生活与创作互相成就，形成一种可传递的、自我挽救的力量；其次，她不仅写诗，也写评论，涉猎群书，具有较高的文学理论素养；再次，其诗歌成就得到文学界的高度认可，诗人、评论家王立世认为，“她诗歌的丰富性和深刻性一方面来源于渊博的知识，另一方面来源于生活的历练。……她把知识融化在诗境中，把人性灌注到语言中，既有民间写作的逼近生活和灵魂，又有知识分子写作的高雅和哲思，……以开放的心态和包容的气度找到了一种优势互补的艺术平衡，这种不偏不倚成就了她的诗歌，也为当代诗歌开辟了新路径”[1]。散文家、文学评论家艾云认为，“林馥娜的诗歌，语言蕴藉雅致，深藏锦绣，……带着无所不在的束缚和自由，寻找趔趄中的均衡之美。这正是一种难能可贵的南方书写与南方经验”[2]。著名诗人、广东省作协诗歌创作委员会主任黄礼孩认为，“在一种社会语境里，在逝去的日常里，诗人林馥娜感受到越来越精细的技术带来了面目全非的生活”[3]。著名评论家谢有顺评价认为，“林馥娜正是以诗歌写作的方式，展示出了自己坚硬的生存锋芒。她的写作，并非自我装饰和无病呻吟，相反，她是在

1　王立世．突破性的探索——评林馥娜的《极光》[EB/OL]．2022-11-11．https://www.yzs.com/zhgshr/wanglishi/15484.html.

2　“诗者的织物——林馥娜作品研讨会”在省作协岭南文学空间召开[EB/OL]．http://www.gdzuoxie.com/v/2019/12/11419.html.

3　“诗者的织物——林馥娜作品研讨会”在省作协岭南文学空间召开[EB/OL]．http://www.gdzuoxie.com/v/2019/12/11419.html.

用诗歌来修补自己生命中的残缺和软弱，并以此来扩大自己的胸襟以及她对苦难世界的同情”[1]。因此，林馥娜在本届广东鲁奖评选中折桂，可谓实至名归。

2. 合作出版扶持项目图书

文学类扶持项目图书的出版，也是羊城晚报出版社着重发力的一个方面。一般来说，这类图书在完稿和出版之前，已经入选各种扶持项目，属于“自带光环”的图书，出版后获奖的机会也较大，出版价值较高。因此，出版社积极鼓励编辑密切关注，主动联系项目作者，寻米下锅。比如，近年来出版的这类图书，有获得广东省委宣传部重点资助出版项目的《肝胆两昆仑——刘琴西、刘尔崧兄弟的红色传奇》，入选广东省作协精品创作扶持项目的报告文学《华强北——深圳奇迹的创造者》、长篇小说《无无》等，都收获了不错的口碑。

三、结语

总的来说，媒体出版社既身处出版业，又隶属传媒业，具有自身的特色和多样性，这要求从业者在具体的选题策划和开拓深耕中，既要看到图书与报纸各有短长，又可互补共赢，才能更好地发挥“书报联动”的优势，借助媒体资源和平台增强图书传播力和影响力，增加图书附加值，打造独具品牌

1　林馥娜．我带着辽阔的悲喜[EB/OL]．http://www.gdzuoxie.com/v/2017/10/7654.html.

特色的出版物。

时代发展的洪流不可阻挡，在新时代高质量发展背景下，羊城晚报出版社积极面对压力、困境和挑战，树立融合发展意识，立意高远，在探索实践中不断思考创新，依托集团平台和品牌优势，书报联动，以文化立社，深耕地域特色文化，助力广东文化强省建设。

责任编辑视角下的鲁奖图书策划初探

——以《诗者的织物（诗歌卷）》为例

广东省鲁迅文学艺术奖（文学类）是广东省最具权威的文学大奖，旨在鼓励广东省优秀文学创作，推动社会主义文学事业的繁荣发展。荣获鲁迅文学奖的作品，除了思想性艺术性俱佳之外，还必须是具有时代标志性的重大题材，或者具有标志性艺术突破的文学精品，抑或两者兼备。

2023年10月30日，第十一届广东省鲁迅文学艺术奖（文学类）经初评、终评两个阶段的评选，产生了30部（篇）获奖作品。由羊城晚报出版社出版、林馥娜所著的《诗者的织物（诗歌卷）》荣获第十一届广东省鲁迅文学奖诗歌奖。《诗歌的织物（诗歌卷）》能够获此殊荣，是对作者诗歌成就的充分肯定。

据悉，由于受到新冠疫情的影响，第十一届广东鲁奖评选活动距第十届（2017年）时隔六年之久，参评作品众多，涌现出许多优秀作品，竞争非常激烈。作为这本书的责任编辑，如今，笔者回顾该书的策划、编校、出版过程，感慨良多，其间有喜悦有收获，有碰撞有坎坷，更有成长和进步。

一、挖掘诗人及其诗作的核心优势

在收到《诗者的织物》书稿之前，笔者与林馥娜并不熟识。广东是诗歌大省，写诗者众多，但读者甚少。在民国时期和二十世纪八九十年代，诗歌也曾创辉煌，涌现出一大批优秀的现当代诗人，但随着诗歌形式和内容的无限自由发展以及新媒体写作和传播方式对纸媒的冲击，加上诗歌创作和发表圈子的小众化，诗歌写作的门槛越来越低，大众能阅读到的“精品诗歌”越来越少，读者对诗歌的信任度也在降低。“这也算诗歌吗？”“这也能入诗？”每每有诗人因不良炒作或舆论登上热搜，都会有网友发出类似的质疑。原本象征着高雅品位的诗歌正在沦入尴尬的境地。

诗歌集在市场上走不通，也就预示着无法产生良好的经济效益。因此，在诗歌市场越来越萧条的当下，策划出版一本现代诗集是需要胆量的。当笔者认真阅读完《诗者的织物（诗歌卷）》以及附带的另一本《诗者的织物（理论卷）》书稿后，被作者扎实的诗歌创作功底和深厚的文学理论素养打动，一个念头在心中冒出：与其盯着市场，何不将社会效益放在首位，打造一本纯文学精品图书？何不奔着获奖图书进行编辑策划？

于是，选题论证会上，笔者列出了诗人林馥娜及其诗作的核心优势：

首先，林馥娜是诗歌创作经验丰富的本土诗人，在诗歌中表现出了她作为诗人的主体意识，其生活与创作互相成就，形成一种可传递的、自我挽救的力量，具有较高的辨识度，是对诗歌艺术的重大突破。她对诗的定义是，“诗是追索存在本质，体验心灵澄明的艺术语言。而存在本质就是人与自我、人与人、人与自然、人与社会的最纯粹最真诚的关系，也就是文学所反映的人性与人道”[1]。可见林馥娜是一个成熟的诗人，早已超脱诗歌技艺上的纯熟而走向思想之境，她想要自己成为光源，照亮他者，成为水源，滋润他者。这在她的许多诗行中可见端倪。比如，“身上带着满世界的山水/故我与新我重叠在一起”（《身上带着满世界的山水》），“威尼斯的水/又在我身体一阵阵拍岸”（《水在我身体拍岸》），“山脉的堞口有更丰沛的奔涌/众神之瀑环立/夕阳下的水舞宕落于深涧而溅射流光”（《水舞》）。“水”是林馥娜诗歌中一个重要的意象，象征着生命的悸动、幽微的情绪、命运存在的境遇以及肉身和心灵的互相激发与慰藉等等，诗人以笔为针，精

1　林馥娜．给心程立下路标——《诗者的织物（理论卷）》导语[M]．广州：羊城晚报出版社，2022.12.

心地编织着一匹丰富多彩的精神锦缎。书名“诗者的织物”中的“织物”意象，源自“珀涅罗珀的织物”这一典故，正如她在诗歌《织物》中所写，“我用诗之线编织珀涅罗珀之织物/在解构与重建中接通你来临的时光隧道”，不同的文化在诗行中形成一种互文关系，使诗歌呈现出更多维、更辽阔的景深。人活着的价值和生存的意义，是林馥娜诗歌创作不断追索的层面，也是她文学主体性的彰显。

其次，林馥娜不仅写诗，也写评论，具有较高的文学理论素养。她同步提交的《诗者的织物（理论卷）》书稿是一本评论专著，表现出她高于其他诗人的文学积淀和理论素养，比如《“女我”的主体性确立以及达到边缘共振的可能》《诗人的文化自觉和诗歌的可能——揭阳诗群略论》和《多元生态及开风气之先的时代经验——广东诗歌40年述略》等文章都是数万字的评论长文，对时代、地域、性别、命运等诗歌中的主题能指皆有自己独到的阐释和见解。这正是她身兼诗人和评论家双重身份的收获，也是她诗歌文本的异质性所在。

再次，林馥娜诗歌成就不是一蹴而就的，早已获得文学界的高度认可。她是中国作家协会会员、广东省签约文学评论家、广东文学院签约作家，文学创作专业一级作家。著名评论家谢有顺评价认为，“林馥娜正是以诗歌写作的方式，展示出了自己坚硬的生存锋芒。她的写作，并非自我装饰和无病呻吟，相反，她是在用诗歌来修补自己生命中的残缺和软弱，并以此来扩大自己的胸襟以及她对苦难世界的同情”[1]。散文家、文学评论家艾云认为，“林馥娜的诗歌，语言蕴藉雅致，深藏锦绣，……带着无所不在的束缚和自由，寻找趔趄中的均衡之美。这正是一种难能可贵的南方书写与南方经验”[2]。诗人、评论家王立世认为，“她诗歌的丰富性和深刻性一方面来源于渊博的知识，另一方面来源于生活的历练。……她把知识融化在诗境中，把人性灌注到语言中，既有民间写作的逼近生活和灵魂，又有知识分子写作的高雅和哲思，……以开放的心态和包容的气度找到了一种优势互补的艺术平衡，这种不偏不倚成就了她的诗歌，也为当代诗歌开辟了新路径”[3]。著名诗人、广东省作协诗歌创作委员会主任黄礼孩认为，“在一种社会语境里，在逝去的日常里，诗人林馥娜感受到越来越精细的技术带来了面目全非的生活”[4]。因此，林馥娜在本届广东鲁奖评选中折桂，可谓实至名归。

二、明确编辑责任，打造扎实文本

作者有写作和发声的自由，编辑有编辑和出版的责任。

---

1 http://www.gdzuoxie.com/v/2017/10/7654.html.

2 “诗者的织物——林馥娜作品研讨会”在省作协岭南文学空间召开[EB/OL]. http://www.gdzuoxie.com/v/2019/12/11419.html.

3 王立世. 突破性的探索——评林馥娜的《极光》[EB/OL]. 2022-11-11. https://www.yzs.com/zhgshr/wanglishi/15484.html.

4 “诗者的织物——林馥娜作品研讨会”在省作协岭南文学空间召开[EB/OL]. http://www.gdzuoxie.com/v/2019/12/11419.html.

作者可以随意写，只要不发表、不出版，应该没人干预，但一旦联系到编辑工作，一旦稿子到了编辑手里，编辑就要为国家、为社会、为人民行使把关的责任。

导向关和意识形态关是第一位的。出版是党的事业的重要组成部分，是宣传工作的重要阵地和载体，把握导向关和意识形态观，是出版工作者不可推卸的责任。意识形态工作是维护和巩固党的执政地位的重要工作，意识形态工作事关党的前途命运，事关国家长治久安，事关民族凝聚力和向心力。编辑把好内容的政治观是由编辑的职业特性所决定的，因为编辑作为社会主义的媒体工作者，特别是作为内容生产者，先天地、自然而然地就带有在意识形态领域宣传党和国家的方针政策，弘扬社会主义核心价值观，传播正能量，成风化人的工作特性和工作职责。因此，在具体的工作中，我们对作者的文本不能止步于怀疑和挑剔，更要热爱，除了理想和信仰要坚守，更要把好导向和意识形态关，才能培养政治敏锐性，从整体上提高图书质量。

“编辑行业，是关于文本的行业”，没有扎实的文本，没有书稿的质量，何谈书的质量？《诗者的织物（诗歌卷）》一书，收录的是林馥娜近五年来发表在各种刊物上的诗歌，总体质量较好，少有别字和文法错误，也不存在暗讽和影射社会的诗歌。具体编辑校对过程中，我们和作者争议最多的地方，在于某些首选字/词、异体字的用法，乃至“的/地/得”的用法方面。比如，“惟有”还是“唯有”，“嚎叫”还是“号叫”，“桔子”还是“橘子”等，作者也很较真，和我们进行了“咬文嚼字”的辩论，认为“唯有”表达不出灵魂深处的认可，“号叫”完全失却了原意，“橘子”不能表达南方人对于“大吉大利”好意头的希冀……经过细心品味文字的具体内容，细致分析文字应用的具体语境，细微辨析词语内在的涵义与情感以及严谨的求证后，作者最终还是接受了我们的修改意见。

三、重视封面设计和宣传

封面是一本书的门面，《诗者的织物》封面的设计打破惯性思维，采用抽象技法，用作者自己所画的“扯线团的猫”为元素，以作者姓名的拼音串联线团缠绕其间，置于书名之上，粗细相间，虚虚实实，给读者以诗意和想象的空间。诗歌卷和理论卷封面上的猫，互为镜像，犹如作者的诗歌创作和理论研究互为观照补充，双翼并进，在存在和虚无的写作跋涉中，不断追问，如同作者在诗歌《织物》中所写的，“我用诗之线编织珀罗涅珀之织物/……潜于线团中的你不时探出头来”，意味深远，耐人寻味。

图书正式出版后，我们发挥媒体出版社的宣传优势，在羊城晚报官网金羊网、官方App羊城派、羊城晚报出版社微信公众号多次推介，既是对出版社新书上市的宣传，也是对作者创作思想、诗歌理念的传播。同时，我们联合作者，实行纸媒与新媒体并举的宣传思路，在《诗词》、《文学自由谈》、中国诗歌学会、广东作家网、粤东诗歌促进会等媒体发表书讯、书摘、专家推荐语，扩大图书影响。

主旋律图书如何出圈

——以《刘国松和他的战友们》为例

2018年10月19日上午，广东省清远市公安局清城分局百加派出所接到报警：辖内高新区创新大道建设银行分理处营业部有歹徒扬言抢劫。教导员刘国松马上携带警具率领民警前往处置。处警过程中，刘国松为了周围群众的生命安全没有使用枪械，与犯罪嫌疑人进行近身搏斗，最后身负重伤，生命垂危。经高新区医院初步处理后转入市人民医院进行抢救，经过医生的努力，刘国松终于保住了性命。

刘国松的事迹由清远市公安局清城分局政委陈军撰写并在《清远日报》和其他媒体发表后，引起各方关注。广东省报传记记者闻讯对他进行采访，采访过程中发现清远市公安局清城分局像刘国松这样的英雄民警还有崔伟洪、刘国洪、雷汝周等，牺牲的烈士有欧国强和姚苏雄。他们为保护清城人民生命财产安全尽心尽力，先后获得公安部的表彰。其中，刘国松荣获一等功。

于是，在清远市委宣传部、市公安局、市文联的大力支持下，清远作家欧平、姚燕飞、宁达波组成创作团队，组织采访，搜集资料，精写细修，以刘国松、崔伟洪、雷汝周等30多位民警的真实工作、生活为素材，描绘清远公安的群体形象，著成一本报告文学作品——《刘国松和他的战友们》。

2019年6月，笔者收到书稿。社里研究书稿后，高度重视，迅速搭建编辑工作专班，加班加点，赶在9月下旬、国庆节之前将该书出版，为中华人民共和国成立70周年献礼。

这是一本扎根现实土壤、讴歌英雄人物、具有时代色彩的主旋律报告文学作品，作者在后记中说："谁是最可爱的人？老一辈作家魏巍早就作了回答。和平时期除了那些舍生忘死、守土不倦的战士，我们的公安民警反恐除暴、擒凶缉恶的行为也值得我们敬佩。他们真正做到了习近平总书记所说的——不忘初心、牢记使命！他们是最可爱的人！"

该书甫一出版，便在清远乃至广东引起了很大的社会反响，取得了良好的社会效益，迅速"出圈"。

一、媒体反响较大

在9月21日举行了该书首发式后，广东作家网登载了中山大学博士生导师林岗教授的评论文章《平凡处见不平凡——

〈刘国松和他的战友们〉读后》，文章指出：

在如何写新人这个老题目上，《刘国松和他的战友们》交出了一份深具探索意义的答卷。有意思的是报告文学的作者对这个问题似乎有所思考，他们以平凡之笔去写这些站在第一线护卫平安生活的最可爱的人，不是无意中巧合而成的，而是经历过思考和探索的。《后记》写到作者的采访经历，透露出些许信息。作者动笔之前的采访中遇到一位“事迹足可感动任何人”的老民警，她对作者的提问“只是默默摇头”。作者没有告诉我们老民警摇头的意思，是不同意的摇头还是没有回答的摇头，读者不得而知。但采访者告诉我们，她是退了休又返聘回来的。无论她摇头的原因是什么，她认同并热爱她的岗位，这是肯定的。她是一位有行动而无言辞的老民警。采访者由此想到“楚囚”钟仪品德高尚思念故国的故事。这联想得当与否是另一个问题，这个细节其实传递出作者要写的人物的共同特征。他们不以动听的语言，反而以默默的行动表示一切。也许因为作者认识到这一点，他们笔下的英雄不再是充满豪言壮语的英雄，不再是被刻画得“高大全”的英雄，而是讲着朴实的语言，尽忠职守，视职守高于生命的人。

作者描写刻画刘国松和他的战友们，尽在平凡处见闪光点，朴实的言辞里透出震撼人心的力量。报告文学的第17章，应该就是故事的高潮了。刘国松被歹徒刺胸，险些丧命，而未能置身搏斗的刘国松的助手陈仲宝事后充满愧疚，到医院探望刘国松。这个场景可以有很多写法。按以前的惯例，抒情笔调是免不了的，点出刘国松临危不惧、视死如生和大义凛然，是必然的。但作者没有选择这种写法，却让刘国松说了一段平凡到不能再平凡的话。他对来探访的陈仲宝说：“当被送到这里的路上，我感觉血快流光了，裤腿袜子全湿了，身体特别虚弱，心想自己很可能会死掉。当时想了很多很多，一些早已忘记的画面忽然从自己脑海中闪过，特别是从警的工作和生活。那场景就像是总结，也像告别，人要死的时候是不是这样，我不知道，只知道有很多事没来得及做，很多人没来得及打招呼。”刘国松劝陈仲宝不要为自己负伤愧疚，因为“没有人能未卜先知，也没有人能保证每次出警都可以平安无事，这就是警察工作的特性”。刘国松的话，既感人至深，又特别吻合当时的情景。没有豪言壮语，但又胜过豪言壮语。它将刘国松朴实而无畏，尽忠职守的品格刻画出来。我觉得，这是全书的点睛之笔，全文之眼。[1]

1　林岗|平凡处见不平凡——《刘国松和他的战友们》读后[EB/OL]. http://www.gdzuoxie.com/v/2019/11/11381.html.

广东省侨联主办的《华夏》杂志和《羊城晚报》刊登了笔者的书评文章《主旋律作品也不乏人性温度》，《清远日报》连续发表评论文章《英勇和真情铸就了闪亮的警魂》和《共同发力，讲好清远故事》；同时，《清远日报》、清远电视台、清远电台滚动播报了《刘国松和他的战友们》一书首发式盛况，《南方日报》《广州日报》《南方法治报》等报刊以“榜样的力量是无穷的”为题，先后报道了该书出版的有关情况，清远政府门户网、新浪网、搜狐网、金羊网、南方网、金盾网、广东平安网等新媒体也相继报道了该书的有关章节。

二、深受群众好评

该书描写的是清远市公安的英雄形象，是老百姓身边的事、身边的人，看得见、摸得着，许多社会人士和群众争相求购。许多党员同志获知此信息后，表示要结合当前的主题教育一起进行学习，努力提高为人民服务的思想，学习英雄，争取做一名合格的共产党员。蒙牛乳业（清远）有限公司采购该书500本作为党员学习辅导材料。

三、公安系统掀起了比、学、赶、超的热潮

当时，清远市公安系统正进行“严纪律、强担当、练本领”的活动，结合实际，广大民警争相传阅此书，撰写读书笔记，向书中的榜样学习。时任清远市公安局清城分局政委陈军

表示，英雄产生于一定的土壤，在清城区公安分局，还有许多像刘国松一样坚守岗位的公安干警。《刘国松和他的战友们》一书带出了清城区公安队伍的形象。

四、文学界对该书给予高度评价

中山大学博士生导师、教授林岗在《平凡处见不平凡——〈刘国松和他的战友们〉读后》一文中总结指出："和平建设的年代与战争年代不同，很少见到惊天动地之事，每个人都在自己的岗位，与千百万人相差无几地做事。有惊天动地之事，才配合惊天动地之笔。可以说，过往的文艺传统是从战争年代过来的，所以才在写法上用惊天动地之笔。用惊天动地之笔来写和平建设，需要做出新的探索。《刘国松和他的战友们》在这方面是做出了成绩的，这部报告文学的探索值得肯定。"

广东省作协于2019年11月16日至17日连续在清远举行三场推介会。12月7日，又在岭南文学空间召开研讨会，花城出版社原社长肖建国给予该书高度评价，他说，该书从语言到故事情节的编排，不失为一本好书；时任广东省评论家协会副主席梁少峰评价该书"中国不乏以英雄为主题的文学作品，但以历史人物居多。而《刘国松和他的战友们》写出当代的、现实的英雄故事，塑造出体现了社会主义核心价值观的公安形象"；时任清远市文联主席林闻认为"该书紧扣现实题材，在新时代顺势而生。故事情节跌宕起伏，可读性强，对公安的工作、生活进行了大量细节描写，于日常琐碎之中反映出英雄的人性光辉”。韶关市作协原主席李迅同志说，语言的运用达到了较高的水平。12月12日，广东作家网以“既是英雄，也是凡人”为题报道了研讨会各专家发言概要。[1]

文学艺术是为国家立心、为民族立魂的工作，文化自信是一个国家、一个民族最深厚、最强大的底气。总的来说，该书以真实案例为基础，以主人公刘国松的生活、工作经历串联起系列人物的活动轨迹，故事环环相扣，情节跌宕起伏，情境设置合理，逻辑严密，以平实的笔触书写真实的人、真实的事，没有脸谱化倾向，每一个人物都是立体的，有血有肉的，是一部讴歌新时代英雄人物，鼓士气、聚民心、展形象、立自信的文学作品。

1 “既是英雄，也是凡人”，这部报告文学展现了新时代清远公安形象[EB/OL]. http://www.gdzuoxie.com/v/2019/12/11474.html.

第五章
Chapter

图书编辑的时间意识

什么是时间，什么是时间意识？

自有人类以来，时间就被视为一种非常神秘的、可操纵万事万物的力量。人类最古老的时间意识源自对时间的感知，对大自然反复无常、神秘莫测的天体运动和物候变化的恐惧，和对生命自身生生死死、周而复始运动的敬畏。作为一种形而上的存在，作为日常生活中不言自明的虚无性运动，时间问题一直是古今中外的哲学家和思想家们长久关注且历久弥新的话题。马克思说，一切存在的基本形式是空间和时间[1]。笛卡尔也说，时间乃是一种思维方式[2]。

在人类童年幼稚的表达里，在最朴实又最深邃的文本中，在先哲们幽深的思想里，时间的痕迹无处不在。基督教的永恒史观认为，时间的第一秒与创世的第一秒相吻合；公元前400年左右，古罗马思想家奥古斯丁在其著名的神学理论专著

1　中共中央编译局. 马克思恩格斯选集（第三卷）[M]. 北京：人民出版社，1972:91.

2　［法］笛卡尔. 哲学原理[M]. 上海：商务印书馆，1958：22.

《忏悔录》中写道："在我不去思索的时候，我才知道时间是什么。一旦我开始深入地思考——困惑袭来，时间变成了一个未知的谜。……时间不过是一些时刻在不断消逝而已，每个时刻都不可能同时存在，……未来驱逐过去，然后又随之而逝。"[1]公元5世纪的一部佛教论著《清静道论》里说："一个生命的持续时间同一个意念的持续时间一样。"[2]历史学家布布·阿马和基础-泽博认为，原始社会时期，"国王一死，时间就断了，一切活动和社会秩序停止了，从笑声、耕作直到人和动物的性交都完了。这个空白期是时间中的一支插曲。只有到另一个国王登了位，才能再创造社会时间，时间才又有了生命……在这种停滞的时间中，现时甚至可以起着被视为过去的、但实际上仍是现代的事物的作用。今日献祭的鲜血可以鼓舞昨日的祖先"。历史学家古列维奇也认为，"每隔固定时间，那早已存在的，又会重新出现"。中国也有传统的时间观，冯友兰解释道家的时间观为"变化以后，又都复归于道。'夫物芸芸，各复归其根'，这就是道的反。从逝到反，是一切事物的发展变化的过程"[3]，即生命的消逝并不是绝对的，只是宇宙生命大循环过程中的一个环节；而儒家则对

---

1 ［古罗马］奥古斯丁．忏悔录[M]．周士良译．北京：北京出版社，2008：122.

2 ［印度］拉达克里希南．印度哲学[M]．张晖，谢敬编译．伦敦：乔治·艾伦和昂温有限公司，1927：373.

3 冯友兰．中国哲学史新编[M]．台湾：蓝灯出版社，1982：49.

死亡采取回避的态度，“未知生，焉知死”是孔子回答弟子子路的话，认为死亡是存而不必论的问题；等等。这些西方和中国传统的时间观，是先哲们以生命的体验对时间的感知。西方人信奉宗教、相信天堂和地狱的存在，而中国人不信彼岸，只重视现实生活的态度，与彼此的时间观不无关系。时间已然与日常生活经验和文化主题紧密相连，并且被融入和消解到人类的精神体系之中。

吴国盛在《时间的观念》一书中对比了中西方的时间观后，把自古以来的时间观念划分为两种：线性的时间和循环的时间。

线性的时间。基督教思想认为，基督的拯救行为使基督成为历史的终点，同时也成为历史的目的，时间则使这两种断言成为可能，即未来是通过基督的复活，把人类从罪恶中救赎出来的充满光明和希望的未来。基督徒的时间观念是“末日”先行到来的线性时间观，这与海德格尔“死之先行”的阐释暗合。

循环的时间。循环的时间观念，最初源自希腊的一则寓言。据希腊《神谱》记载，克洛诺斯因为憎恨其父乌拉诺斯，用镰刀割下了父亲的生殖器之后，与妹妹瑞亚女神结合，生下了包括宙斯和赫拉在内的多个出色的子女。但是克洛诺斯知道自己也会被其中一个儿子杀死，于是就在每个儿子出世时把他们吞进肚子里。瑞亚非常难过，在父母的帮助下拼命留住了宙斯，并联合宙斯打败了克洛诺斯。这则神话，揭示了时间创造和毁灭的两个方面：生下子女和吞食子女，儿子打败父亲，又被自己的儿子打败；也揭示了循环的时间观："将时间理解成一个圆圈，周而复始，周而复返。"[1]这一循环往复的时间观，自古至今得到广泛的关注和反复的论证。

维吉尔在《弥赛亚牧歌》中写道："刚刚走了室女座，土星王又返回。"埃德蒙·利奇说："一切过去都是同样的过去，只是现在的反面而已……任何一种摆动到达末端时，都会逆转回来。"[2]1643年，托马斯·布朗在《一个医生的宗教信仰》第一卷的注释里写道："柏拉图年就是几个世纪的过程，在它之后，所有东西都恢复到原来的状态，而柏拉图学派也在重新讲解他的这个学说。"[3]尼采认为："人生便是你目前所过、或往昔所过的生活，将来仍将不断重演，绝无任何新鲜之处。然而，每一样痛苦、欢乐、念头、叹息，以及生活大大小小无法言传的事情皆会再度重现，而所有的结局也都一样——同样的月夜、枯树和蜘蛛，同样的时刻以及我。"[4]马可·奥勒留在《沉思录》里写道："所有的东西都在旋转，而

1 吴国盛. 时间的观念[M]. 北京：北京大学出版社，2006：53.

2 史宗. 20世纪西方宗教人类学文选[M]. 上海：上海三联书店，1995：490、494.

3 ［阿根廷］豪尔蒙·路易斯·博尔赫斯. 刘京胜、屠孟超译. 永恒史[M]. 上海：上海译文出版社，2015：88.

4 ［德］尼采著. 快乐的智慧[M]. 余鸿荣译. 北京：中国和平出版社，1986：230.

且又重新在同一轨道上旋转。对于观众来说，看它一个世纪或二十个世纪或无限制地看下去都是一样的。……看到了现实的人就看到了所有事情；难以探测的过去发生的事情和未来将发生的事情。”循环的时间观，源自人类的日常经验，又是超脱经验之上的想象形式，因此历来被视为最具有想象力的时间形式。

在文学艺术领域，在文明之河奔腾不息的历史长河中，持这种循环轮回的时间观念的现当代作家和诗人有很多，除了上文提到的维吉尔，还有叶芝、海德格尔、帕斯、里尔克、博尔赫斯和马尔克斯等。这种时间观念体现在作家和诗人们的文学作品，尤其是小说文本中。例如《圣经》中不同历史阶段里立约和联盟的轮回再现；上文提到的希腊神话中，克洛诺斯伤父食子又被子打败的故事；《红楼梦》借助神瑛侍者和一株绛珠仙草的前世今生，讲述了“红楼梦中梦”的故事；普鲁斯特的《追忆失去的时间》中非连续的碎片化时间；马哈福兹的《我们街区的孩子们》中，纯粹的家族兴衰史，实际上揭示的是末代统治者被推翻后，新秩序确立的这样一个历史轮回。

书是人类文明的时间载体

与其说书是人类智慧的存储容器，我更愿意说，书是人类文明的时间载体。因为，书不仅是知识和文化的传播介质，更是文明传承和发展的重要工具。它们承载了时间意味，记录了人类历史和文化的发展，将过去、当下与未来紧密相连，是人类文明不可或缺的一部分。书以文字形式将思想、经验和技术固定下来，确保知识不会因个体或时代的消亡而消失。例如，古埃及的《亡灵书》、中国的《尚书》等古籍，为后人提供了数千年前的智慧结晶。

纵观古今中外，时间在书中的表现形式是非常多样的，古人以博大的智慧和哲思为我们呈现了不同历史阶段的时间观。

《论语》有云："子在川上曰：逝者如斯夫，不舍昼夜。"写孔子感慨时间如流水般匆匆而逝，日夜不停。罗马思想家马克·奥勒留说："时间好像一条由发生的事情构成的河流，因为刚刚看见了一个事物，它就被带走了，而另一个事物又来代替它，而这个也将被带走。”[1]时隔数千年，这些思想的火花依然为今天的我们照亮脚下的路。

时间的流逝是最令人无可奈何的事情，它看不到，摸不着，万事万物却因它而不断发生着变化。对于人和其他有生命的物体来说，因时间的流逝所带来的死亡事实，又是不可逃避的。随着时间的流逝，咿呀学语的婴儿成长为戴眼镜的少年，青丝及腰的妙龄少女苍老成满头白发的老妇，昔日追逐诗意的文艺青年，也挺起了发福的肚腩，再也套不上当年的白衬衫……每一分每一秒时间的流逝，都预示着我们愈来愈逼近死亡的坟墓。看到婴孩一天天长大，我们喜悦；看到自己眼角的皱纹，我们苦叹；看到长辈们垂垂老矣，我们难过。“岁月如飞刀，刀刀催人老”，时间的流逝带给我们的喜怒哀乐，是最刻骨铭心又最无奈无助的生命体验，这生命的尽头便是死亡。当时间的经验和死亡的命题相连，则开启了时间具有生命征象的哲学思考：时间的河流，即生命的河流，时间的流逝，也即生命的流逝。

时间和生命一样，具有不可逆转的属性。每个人的生命只有一次，每一瞬的时间也仅有一次，失去的永远不会再回来。在文学和艺术领域里，吟咏和表现这种时间观和生命观的例子比比皆是。“一寸光阴一寸金，寸金难买寸光阴”，表示

1 ［古罗马］马克·奥勒留著．何怀宏译．沉思录[M]．上海：生活·读书·新知三联书店出版社，2002：39.

时间的珍贵无价；“白发皓然生，新年又五日”，书写时间流逝之快；“良时光景长虚掷，壮岁风情已暗销”，嗟叹良辰不再的怅然若失心情；而宋代词人蒋捷《虞美人·听雨》中“少年听雨歌楼上，红烛昏罗帐。壮年听雨客舟中，江阔云低断雁叫西风。而今听雨僧庐下，鬓已星星也”的经典词句，被誉为人生听雨的三境界，其实这三种不同的境界便是生命在时间之河流逝的过程中，所带给人的最直观最强烈的时间感。时间不同，生命所处的阶段不同，一切便都不同了，而这种变化又是任何人都无法左右的。

人终有一死，是自古至今的人类所无法跨越的难题。为了逃避死亡和保持青春，古有多位帝王迷恋于炼制“仙药”，今有无数美女不惜借助各种手术来整容，就连《西游记》里，作者也借着各路妖精争抢“唐僧肉”以求长生不死的“噱头”，建构了“八十一难”这一叙事伦理的内在冲突。显然，读者和观众对这一叙事逻辑的接受毫无违和感，因为这击中了人类个体精神领域里共同的隐痛——死亡，契合了每个人对死亡的逃避意识，对长生不死的生命之向往。想要拥有青春永驻、长生不死的生命，就预示着时间必须停滞下来，而时间一旦停滞，生命的意义也将变得虚无。虽然我们难以接受死亡的不可抗性，可一成不变、始终如一的生命状态又该是多么乏味！

马克思主义哲学认为，世界的运动性本质决定了世间不存在静止不变的事物，因为连静止本身也是一种特殊形式的运动。就如同“我们永远不可能跨进同一条河流”那样，所谓“始终如一”的爱情誓言都是童话里的谎言。当恋人双方或一方信誓旦旦地说出这四个字的时候，他们当然不愿意接受爱情的悲剧性本质，更是“主动”忽略了爱情这一生理和精神性产物在时间流逝中将会出现的各种可能。生命依附于时间而存在，对时间缺乏感知的人，在无常的人生际遇面前，往往会措手不及。

因此有人说，书籍是历史的活化石。书籍记录了社会变迁、重大事件和文化演变。司马迁的《史记》不仅是史书，更是理解中国古代社会结构的窗口；《荷马史诗》则保存了古希腊的价值观与英雄叙事。每一代人的知识通过书籍层层叠加，文明得以递进和发展，后人的新成果往往也是站在巨人的肩膀上研究出来的。

从结绳记事到甲骨竹简，从莎草纸到羊皮卷，从雕版印刷到电子书，文字和书籍的形式演变体现了文明适应时间的技术韧性。敦煌藏经洞的文献保存千年，证明实体书籍的耐久性；新媒体时代电子书的使命便是确保知识的永久存续。但无论介质如何更迭，作为人类文明的时间载体，书籍浓缩人类思想精华的核心价值始终不变，始终是维系文化连续性的核心纽带。

融媒体背景下图书编辑的时间感重塑

前面两节内容，我们探讨了什么是时间，时间在图书尤其是文学艺术作品中的重要作用，以及书籍为何是承载了时间意味的文明载体等，本节我们探讨融媒体背景下，编辑如何将时间的观念和思维运用于具体的工作实践中。

正如“一时代有一时代之文学”，一时代应有一时代之出版。信息大爆炸时代，做书已经很难像以前那样，每一本都历经“十年磨一剑”的过程。出版融合的高质量发展态势，也不再允许编辑们守着青灯黄卷，用秃笔头坐穿板凳，慢工出细活。

首先，快速发展的信息检索技术从效率提升、质量把控、工作模式转型及行业生态重塑等各方面对编辑工作带来巨大的影响。通过关键词检索系统快速捕捉学术热点与市场需求，例如利用高频检索词分析读者关注领域，辅助策划符合市场趋势的选题，有效实现选题策划精准化、全流程效率最优化等。利用“术语在线”、行业标准数据库等平台检索统一专业表述，如机械类图书通过ISO标准库自动替换废弃单位“马力”为“千瓦”，通过在线图书馆、经典古籍库等工具快速检索、定位参考文献原文，解决参考文献页码缺漏问题等。运用黑马校对、方正校对、AI校对等软件和工具，进一步核查错别字、专业术语和敏感词等，提高图书编校质量，避免重大科学表述错误。

随着信息科技的不断进步，编辑自身也处在一种变革之中，融媒体时代呼唤编辑角色的转型与能力重构。据悉，笔者所在的省份，已有报社和期刊社走在“无纸化办公”的路上。单位通过搭建云端协作平台和技能矩阵扩展平台，实现协同编辑模式的创新，比如实现“作者—文字编辑—美编—审读专家”实时修订标注，有效缩短出版周期。

不难预见，一场讲究创新和实效的行业生态变革正在发生，出版融合发展是不可逆转的趋势。信息检索技术已从辅助工具演变为驱动图书编辑行业变革的核心引擎，其影响贯穿从选题策划、内容生产、质量管控、装帧设计到发行推介等出版全链条。编辑需自己增强时间感，主动拥抱技术变革，在保持内容深度的同时，构建“数据素养+技术敏感度+跨界整合”的新型能力体系。

其次，编辑的时间感重塑，也是新质生产力发展的要求。这一点在前文《适应新质生产力，编辑的职业素养重塑和价值取向》中已探讨过。随着大众传播领域不断发展，新媒体传播方式日新月异，电商平台成为最大的图书销售平台，迅速抢占市场份额，人们的阅读行为正从深度阅读逐步降级为浅阅读、弱阅读、碎片化阅读，纸质出版正在遭遇前所未有的危机。原来在实体书店消费的下沉用户正在转战当当网、京东和拼多多电商平台，并呈上涨趋势，表现出较强的购买力。抖音、微信短视频、小红书、快手等平台上的直播卖书正成为图书销售的新模式，董宇辉带货纯文学期刊《人民文学》《收获》和作家李娟《我的阿勒泰》等书，均取得不俗的成绩，并引发出圈效应，一度冲上话题热搜，关注度久久不减。

因此，我们如今谈到短视频、直播带货，甚至AI创作时，绝不能报以轻蔑和轻视，而应该从故纸堆里抬起头来，积极拥抱世界的变化，并运用新技术赋能工作效率的提升，全方位为作者、客户和读者服务。

再次，编辑应学会运用时间的哲学思维评论和推介图书。前两节我们已经探讨过，一个人对艺术、对审美的感受，一个编辑对一本书的悟性，其实正是对于时间和生命的感知。时间感即生命感，审美和思想的核心问题也即时间的哲学问题。一个具有时间意识的编辑，很容易抓住一本书的硬核思想及价值。

比如，几年前在阅读作家西篱的长篇小说《昼的紫　夜的白》一书的时候，笔者曾对其中的时间艺术作过详细解读：

相比其他小说，这部小说的异质性，在于它以从1951年至2050年中的某些有代表性的具体年份作为章节名称，物理地串联起一系列碎片化的情节，辅以诗意品格的语言和叙事基调，从而托起了西篱独特的小说世界。这世界由时间构成，正如其书名中的“昼”与“夜”一样，均带有神秘的时间色彩。作者站在2016年的时间节点上，对远去——实际上并未过去的1951年、1971年、1976年、1997年、2003年、2008年等时间的回溯，对未来——实际上早已到来的2050年的遥想，因为这些时间标志着中国乃至世界上一些重大事件的发生，而这些集体的事件最终影响和决定了众多个体的命运。小说中的“我”的父亲周凤书出身于书香世家，自小受古典文化熏陶，曾参加抗美援朝战争，爱国敬业，却在“文化大革命”中受尽折磨后被下放到一个叫“风镇”的地方教书，深爱父亲的母亲一路追随相伴，“我”便是他们在风镇产下的三个孩子之一。

列宾《意外归来》的背后是寒冷漫长的西伯利亚流放岁月，西篱《昼的紫 夜的白》里同样有个遥远的“西伯利亚”，它就是风镇，风镇的父亲形象堪比那个伟岸的十二月党人。故事的逻辑起点便从这里开始，从“我”长大后对下落不明的母亲的寻找开始，对风镇的风物和气息的打捞开始，对父辈们流离命运的钩沉开始……

“人类的一天，也就是时间里的所有天，……在另外的日期，那永久的尘世之河，就在不停地返回它的源头，……从黎明到黑暗，讲述的是整部世界史”，博尔赫斯的诗句，便是对这一循环时间观的最好注解。西篱笔下的100年，如果压缩为1天的时间，那么这1天——24小时的时间里，必定有几件重要的小概率事件发生在某些重要的时间节点上，成为个体生命历程里的记号，比如车祸，比如意外重逢；必定有一些可以忽略不计的恍惚的时间和睡梦中的时间；当然还有一些按照规律重复的时间，比如吃喝与排泄。因此就不难理解西篱对时间的演绎，因为在100年的时间长河里，众多事件的分布也不外如此：当文明离场，人类的精神和行为看似向前，实际却在倒退。

在小说开篇的1996年5月这一时间节点，西篱写了“我”的父亲的死亡。

父亲的死亡是一种荣光：“我听见父亲的灵魂再次发出的叹息，在一声声吟哦之后，愉快，舒展，韵味十足。他超越世事，自由而轻，在空寂的房间里游荡，抚摸细格窗棂上的木纹，以及木板凳上的椅孔，嗅石灰新鲜而刺鼻的气味，然后久久地停留在窗前，向远方眺望。”

书中类似的诗意书写比比皆是，像诉说，更像歌唱，多次出现“灵魂自由而轻盈”的文字，是的，在“我”的想象和心愿里，父亲终于以死亡的方式获得了自由，卸下了他的生命之重。“自由而轻盈”的背后，反衬了父亲被动和沉重的一生，也是荣光的一生。作为凤书书院的后人，他饱读诗书，精神独立，未令家族蒙羞；作为儿子，他孝敬孤老；作为军人，他战功赫赫；作为教师，他热爱真理，热爱学生；作为父亲，他以身作则，树立良好家风；作为丈夫，他深爱妻子，始终如一。即便，作为一名不断遭受最严酷迫害的知识分子，他也依然褒有尊贵的良知，一生磊落而光明。学校的敲钟人老王多年后依然记得父亲讲给学生的故事：韩蛾东之齐，匮粮，过雍门，鬻歌假食。既去而余音绕梁，三日不绝。

绕梁三日的，是歌声，而几十年乃至百千年余音不绝的，是代代相传的文明之声。逝者已矣，文明不绝。以父亲为代表的流放老师们，都是给风镇带去文明的播种人，是风镇文明的传承者，他们的学识和风骨造福了整个风镇，也成就了他们高贵的人格。

正如文本中所表现的，随着时间的流逝，文明不一定是进步的，也可能会倒退，这关乎具体的历史环境，也关乎人类的原罪、人性的宽度等。只要洞见了这个时间观，我们便不难从作品中的各个人物、各个情节生发出无数的注解和阐释。

罗素说，很多作家认为历史是循环性的，今天状态的世界，包括其最微小的细节，早晚都会重现；叔本华认为，过去和未来在某种程度上是概念性的，且受到理性原则束缚的意识所感知，没有任何人在过去中生活过，也不会有任何人在未来中生活，现实就是生活的全部表现；德谟克利特也认为，在无穷远处世界都是一样的，在那里一样的人，毫无不同地经历着同样的命运。

时间的流逝并不能改变人类的精神状态，每颗微小的沙粒都是一个不断滚动的球，拖着互相仇恨、互相追逐的阴郁的人群往前或往后走，当下的每一次滚动都是过去和未来所构成的时空轰鸣中一个历史的回响。如何在时间的长河里去寻找和发现这回响中的人类主题和精神，又如何在当下事件所蕴含的文学母题之中，去打量其在整条时间河流中的悠长况味，是一个作家对时间的态度，也是在这个信息庞杂的融媒体时代，考验一个编辑发掘好作家、好作品的重要能力。

第六章
Chapter

书评，也是图书编辑的基本功

图书编辑应自觉培养书评意识、提高书评撰写能力

顾名思义，书评是介绍并评论图书的文章，编辑写书评承担着“思想和价值过滤器”的功能。作为一名图书编辑，笔者在进入出版社工作之前，就为不少书写过评论，其中有专业的原因，也有爱好的成分。进入出版社后，遇到责编的好书，也总忍不住写评推介的冲动，八九年间竟不知不觉写了近百篇。

图书编辑自觉培养自己的书评意识是提升出版质量、连接作者与读者的关键环节。书评是图书社会效益的“试金石”，是优化出版全流程的关键反馈机制，能精准反映书籍在学术创新、内容深度和市场接受度中的真实效果。

书评可以强化编辑作为文化传播者的职业角色。一般来说，编辑需兼具“学者+传播者”的双重身份，既要能从专业视角提炼一本书的学科价值，帮助读者快速识别学科知识，又

要能传递出版态势，引导读者选购，形成文化消费的良性循环，还有的书评对选题策划背景、封面设计理念、组稿细节等有所披露，增强读者对创作和出版过程的理解。

撰写书评还可以提升编辑的核心竞争力，深化其文本分析能力、锻造其选题敏感度和内容把控力、构建其多维知识体系、扩展其职业影响力，推动其向复合型人才转型。书评可以提高目标读者的购买意愿，提升图书的市场效益，建立读者信任，形成稳定的用户黏性，比如笔者长期关注的“新京报书评”和“看理想”公众号等。

值得一提的是，批评性书评还可能会引发学界讨论，促进学术争鸣，比如知青文学评论家郭小东对知青作家梁晓声长篇小说《知青》改编为电视剧《知青》的批判性评价，认为其虽然在艺术手法上有突破与创新，但整体上属于“戴着镣铐跳舞”，体现了评论家的良知和社会责任感。

这就要求编辑具有辨识优劣作品的火眼金睛，自觉抵制低俗、低质内容，通过专业鉴别引导优质阅读，在碎片化时代自觉担负起推广全民阅读、构建书香社会的责任。

那么，如何撰写一篇书评，如何提高书评撰写的能力呢？

笔者以为，撰写书评固然可以有套路，比如分为几大段，每一段分别写什么，哪一段展开分析，哪一段重在升华等，但照着套路写多了难免感觉重复且乏味。以下，笔者就自己多年来写书评的经验和体会，简要探讨如何突破套路、写出一篇质量好、辨识度高的书评。

首先，培养语感、打磨语言，运用诗意的语言对图书进行评介。众所周知，随着AI技能的快速发展和进步，我们的一部分工作正在被人工智能所取代。以前需要擦亮眼睛、全神贯注沉浸式改稿才能发现的错别字，现在可以被校对软件快速检索、精准发现；以前需要绞尽脑汁、熬夜构思才能写出来的文案和小故事，AI几分钟便可以自动生成；据说在网络文学创作领域，以前作家们写不出来的时候需要求助写手或工作室，AI现在就是最好的写手。与文字相关的行业生态正在发生前所未有的变革，我们若想不被工具代替，并不被时代抛弃，就必须学会合理运用新技术，同时提升作为编辑的“人的主体性”价值，创新自己的语言表达方式，撰写出具有诗意的语言。因为说到底，人工智能都是一种辅助性工具，工具输出的文本总透露出机器的套路化痕迹，与人脑生产还是有巨大差别的。

比如，博尔赫斯在《时间的新反驳》一文中，有这么一段话：“时间是我的构成实体：时间是一条令我沉迷的河流，但我就是河流；时间是一只使我粉身碎骨的虎，但我就是虎；时间是一团吞噬我的烈火，但我就是火。世界，很不幸，是真实的；我，很不幸，是博尔赫斯。”这段富有哲理和诗意的话语，道出了时间的本质：时间既是生命消逝的见证，也是生命存在的标志，即时间是一种叫作“永恒”的东西。这段话，充满了诗意和诗性，显然是人工智能输出的文本所无法媲美的。

其次，编辑撰写书评应从文本的表面内容透视到思想内核。比如从作者对自然景物的描写，我们不妨认真揣摩其背后的深意。在郭小东长篇小说《当太阳成为河流》中，有多处关于太阳河和船门风景以及南方沼泽湿地的自然景观描绘，这令我们想起十九世纪的文学作品《巴黎圣母院》开篇里，那些关于物事的冗长描写。当小说进入高潮，太阳河汹涌澎湃蔚为壮观；当情节有所转折，太阳河则迂回婉转如泣如诉；当真相走近读者，太阳河的风景又会波云诡谲惊悚可怖。也就是说，故事的每一个走向，都有太阳河如影随形的伴奏和起舞、歌唱与控诉，这是时间的流动，也是宿命的引导，正如作者在序言中所写：“那种无处不在，又随着黎明前的黑暗加剧的气氛，令你的气息里，有一种与神明的贯通……你也许会看到四百年的时间流动，和你在灯光之外的身影一起，与举灯漫游抑或梦游的但丁一样，把你自己变成四百年，你将看到四百年间，人类无法亲历目睹的那些人那些事……”

史铁生的《我与地坛》亦是如此，他通过对地坛中景物和四季的描写，呈现一个长期坐在轮椅里的孤独的人对生命的感知、对时间的感悟。

再次，编辑撰写书评应具有宽广的视野和格局，实事求是，杜绝敷衍评、无脑吹。比如，在笔者为《改革开放与广东文艺40年》写书评的时候，就曾发现了该书体例上的亮点：

总的来说，该书的编撰体例，基于对改革开放以来广东40年文艺的“研究”，采用板块结构，对史、论两者各有倚重，评述结合，宏微观并进，有点有面，以理论梳理推动对作品的阐述，语言灵动鲜活，兼具学理性和可读性，力图在整理史实和记录图像的基础上，达到一定的理论高度。值得一提的是，该书对“粤派批评”现象作了充分的评析，梳理了这一文学批评现象的缘起与发展脉络及其贡献。“粤派批评”对推动广东文艺大潮的发展，对文艺精品的评价，以及对文艺现象的争鸣，都在全国产生了很大的影响与良好的效应，可以说，粤派文艺评论与创作是广东40年文艺发展快速前进的双翼。在文学板块，旧体诗的创作被编排为一个独立的章节，这在其他文学史专著中几乎难以见到，也是本书编撰的一个亮点。

当然，为同时代作者撰写书评，也是一种冒险行为。创作也好，写评论也好，写作从来不是一件轻松的事，费神费力，费眼费腰，是脑力和体力的双重消耗，尤其是为人写评论——写过评论的同仁最清楚，不仅要认真阅读被评论对象的文本，要有一定的鉴赏能力，还要有宏大宏观的理论知识储备。而且，占用那么多宝贵的时间，阅读那么多文章，再从中提炼出重点和亮点，实在不是一件轻松的事。偶尔遇到肚量小的作者，不能接受批评意见，很可能还会出力不讨好，既浪费时间又得罪人。我们都知道，文字是讲究伦理和风度的，作者必须有宽广于常人的心胸才能写出伟大的作品，但自古至今表里不一、人不如其文的“伪作者”还少吗？如果说作家是一种危险的职业，那么评论家何尝不是？

但是，既然选择了做一名编辑，既然抱持了对出版事业的伟大理想和敬畏情怀，我们依然应不惧挫败，勇敢地脚踏土地、眼望星空，守住心中的那盏灯。

总的来说，编辑的书评意识本质是出版伦理的具象化体现，贯穿着“选题策划—内容生产—图书发行—推介传播—阅读反馈”等出版全链条。建议出版机构将书评写作纳入编辑考核体系，建立“作者—编辑—书评人（家）”联动机制，以系统性提升图书出版行业生态良性发展，赋能全民阅读的推广深化，助力构建新时代书香社会。

附 录

Appendix

时间长河里的罪恶与荣光
——读西篱小说《昼的紫　夜的白》

海子的《九月》里有这样的诗句："目击众神死亡的草原上野花一片，远在远方的风比远方更远。我的琴声呜咽，泪水全无，我把这远方的远归还草原。"在读西篱的长篇小说《昼的紫　夜的白》的时候，这些充满零碎意象的诗句便不自觉地冒出来，和着周云蓬忧伤的声音在我脑际回响，回响在西篱诗性的字里行间、梦幻般迷离的文本上空，回响在她神游般书写构筑的长达百年的叙事空间里。

直到一幅图画——俄国画家列宾的油画《意外归来》，它扑面而至。在这幅绘画作品上，一个身着囚衣、经历了长期流放和苦役的中年男子踏入久违的家门的瞬间，令他的母亲、妻子、儿女乃至佣人都震惊无比，并各自呈现出不同的表情：惊讶，兴奋，激动，甚至陌生。他是多年前遭沙皇迫害而被流放至西伯利亚的革命者之一，是具有最高贵血统和品格的知识分子。在西篱的《昼的紫 夜的白》里，作为第一人称的叙事者，“我”一直在寻找，寻找因替父亲顶罪而被下狱的母亲，寻找被爱人设计受雷击而死去的中学老师穆姝，寻找“我”的爱人小白，寻找目击者刘耙荞，寻找敲钟人老王，等等。文本外的我也一直揪着心，跟随叙事者的脚步，一路“寻找”，希望与这《意外归来》中类似的画面不期而遇。而画面的愈发清晰和画面上男子的沧桑容颜，以及他背后漫长的西伯利亚流放之旅，引发了我对西篱笔下，“我”之“寻找”的内涵的理解：对丧失在岁月长河中的代表了无尽屈辱和荣光的文明的寻找与追问，对未来时间走向的思考与探索。

相比其他小说，这部小说的异质性，在于它以从1951年至2050年中的某些有代表性的具体年份作为章节名称，物理地串联起一系列碎片化的情节，辅以诗意品格的语言和叙事基调，从而托起了西篱独特的小说世界。这世界由时间构成，正如其书名中的“昼”与“夜”一样，均带有神秘的时间色彩。作者站在2016年的时间节点上，对远去——实际上并未过去的1951年、1971年、1976年、1997年、2003年、2008年等时间的回溯，对未来——实际上早已到来的2050年的遥想，因为这些时间标志着中国乃至世界上一些重大事件的发生，而这些集体的事件最终影响和决定了众多个体的命运。小说中的“我”的父亲周凤书出身于书香世家，自小受古典文化熏陶，曾参加抗美援朝战争，爱国敬业，却在“文化大革命”中受尽折磨后被下放到一个叫“风镇”的地方教书，深爱父亲的母亲一路追随相伴，“我”便是他们在风镇产下的三个孩子之一。

列宾《意外归来》的背后是寒冷漫长的西伯利亚流放岁月，西篱《昼的紫　夜的白》里同样有个遥远的“西伯利亚”，它就是风镇，风镇的父亲形象堪比那个伟岸的十二月党人。故事的逻辑起点便从这里开始，从“我”长大后对下落不明的母亲的寻找开始，对风镇的风物和气息的打捞开始，对父辈们流离命运的钩沉开始……

时间长河里的罪恶：流放和舞台

西篱在小说中多次提到“时间圆”的概念，也即循环的时间观念，她便是用此种时间的艺术把小说中100年的时间打碎，进而重新组合拼连，从2016年回到1996年，又从2050年回到1951年，自由飞翔、游走、穿梭，就像电影《星际穿越》中那个进入五维空间的人一样，可以将时间拿在手里，任意支配。小说的艺术，本就是时间的艺术，伟大的作家深谙于此。西篱亦不例外。

“人类的一天，也就是时间里的所有天，……在另外的日期，那永久的尘世之河，就在不停地返回它的源头，……从黎明到黑暗，讲述的是整部世界史”，博尔赫斯的诗句，便是对这一循环时间观的最好注解。西篱笔下的100年，如果压缩为1天的时间，那么这1天——24小时的时间里，必定有几件重要的小概率事件发生在某些重要的时间节点上，成为个体生命历程里的记号，比如车祸，比如意外重逢；必定有一些可以忽略不计的恍惚的时间和睡梦中的时间；当然还有一些按照规律重复的时间，比如吃喝与排泄。因此就不难理解西篱对时间的演绎，因为在100年的时间长河里，众多事件的分布也不外如此：当文明离场，人类的精神和行为看似向前，实际却在倒退。

流放和舞台。父亲以及学校的另外几个老师，均是被“流放”到风镇的，他们将满腹诗书、才华以及生命都献给了那个贫瘠蛮荒的地方。小说中对于“风镇”的地形有个形象的比喻，说它像个“上”字，“横”是出入风镇的干道，是条大街，“竖”是北街，尽头是小学，“上”字上的那一点便是大戏台。无疑，西篱是善良和悲悯的，因为这“上”字反过来看，何尝不是一个“下”字？风镇——“我”的父母的流放地，父亲被“文革”既得利益者“黄麻风”迫害折磨的风镇，母亲饥寒交迫产下三个婴孩的风镇，哥哥变疯的风镇，穆姝老师遭电击死亡的风镇，小白被带走下狱的风镇，柱头被炸得血肉横飞的风镇，方书记诱奸初中女生王雪梅的风镇，“黄麻风”残害了50多条性命的风镇，承载了三代人命运起伏的风镇啊！这些人的命运，共同书写了风镇的屈辱史。美丽荒芜的风镇收留了他们，也再次流放了他们。“竖”的尽头是学校，学校代表了文明的方向，文明是向上的；可“文革”期间的风镇，其文明显然是向下的，“同罪共谋”之人的行为，和原始社会的蛮荒举动毫无区别，他们活在现代社会，其杀戮的原罪却未除却。而那一“点”所代表的戏台，不正是狂欢母题里的“舞台”吗？在这个舞台上，有昔日的掌声和加冕，也有今日的批斗和脱冕，多么讽刺！就像当今的广场舞文化，在大妈大爷们步调一致、如痴如醉的舞蹈中，不难窥见他们对当年集体运动的某种情结，命运在他们年轻的岁月里施加的沉重一击，即便时间也无法令其完全消弭，反而会在愈加接近生命尽头的余晖里，散发出悠长的况味，诡异而荒诞。

在《昼的紫　夜的白》中，西篱不厌其烦地歌咏着从“白昼”到“黑夜”的时间，如一个轮回，更如一个魔咒，时间将一个个鲜活的生命化为虚无，又将虚无化为永恒。在他们存在过的时间之流里，不断地泛起阵阵涟漪，控诉着那永远无法掩盖的罪恶。

时间长河里的荣光：死亡和爱情

在小说开篇的1996年5月这一时间节点，西篱写了“我”的父亲的死亡。

父亲的死亡是一种荣光：“我听见父亲的灵魂再次发出的叹息，在一声声吟哦之后，愉快，舒展，韵味十足。他超越世事，自由而轻，在空寂的房间里游荡，抚摸细格窗棂上的木纹，以及木板凳上的椅孔，嗅石灰新鲜而刺鼻的气味，然后久久地停留在窗前，向远方眺望。”

书中类似的诗意书写比比皆是，像诉说，更像歌唱，多次出现“灵魂自由而轻盈”的文字，是的，在“我”的想象和心愿里，父亲终于以死亡的方式获得了自由，卸下了他的生命之重。“自由而轻盈”的背后，反衬了父亲被动和沉重的一生，也是荣光的一生。作为风书书院的后人，他饱读诗书，精神独立，未令家族蒙羞；作为儿子，他孝敬孤老；作为军人，他战功赫赫；作为教师，他热爱真理，热爱学生；作为父亲，他以身作则，树立良好家风；作为丈夫，他深爱妻子，始终如一。即便，作为一名不断遭受最严酷迫害的知识分子，他也依然褒有尊贵的良知，一生磊落而光明。学校的敲钟人老王多年后依然记得父亲讲给学生的故事：韩蛾东之齐，匮粮，过雍门，鬻歌假食。既去而余音绕梁，三日不绝。

绕梁三日的，是歌声，而几十年乃至百千年余音不绝的，是代代相传的文明之声。逝者已矣，文明不绝。以父亲为代表的流放老师们，都是给风镇带去文明的播种人，是风镇文明的传承者，他们的学识和风骨造福了整个风镇，也成就了他们高贵的人格。

小说中的爱情凄美而动人。“我”的父亲与母亲的爱情，走的是患难与共的革命夫妻模式，爱情的高潮部分是母亲为了救父亲，主动替父亲顶了“罪”，在受尽多年的牢狱之苦后，惨遭杀害；穆姝老师深爱的薛博士是一个性心理变态者，她心甘情愿被他设计害死后，居然又为爱“穿越”，在关键时刻救走爱人，并带他去行善赎罪；“我”的哥哥因为目睹了自己喜欢的女孩堕入老男人方书记的情爱陷阱后而绝望发疯；还有那个长得像林黛玉的风镇女孩儿，不惜为爱殉情的故事；而“我”经历了与爱人小白分离、重逢和再度分离后，还在继续等待小白的归来，寻找他的下落。昼的紫，夜的白，紫便是“我”——紫音，白便是小白吧？“我”从寻找母亲，到寻找小白，母亲代表了“我从哪里来”，而小白则更像“我”的孩子，预示着“我到哪里去”。

从白昼到黑夜，从黑夜到白昼，从乡村到城市，从一个城市到另一个城市，从现实到梦境，从地球到月球，从过去到未来，再从未来回到过去，叙事者“我”在寻找母亲、寻找文明之根的同时，也是在寻找爱，寻找自我，寻找身体和心灵深处，能够点亮幽微生命的那一线光芒。这光芒，联结生命和爱情，洞穿死亡与灵魂，共同构成人类时间长河中的无上荣光。

值得一提的是，西篱语言所具有的诗意品格，在成就她这部蕴含时间况味的小说中，功不可没。在本文中，我虽没有把语言作为主要的评论对象，但最初打动我的，确实是她的语言。优秀的小说家多是驾驭语言的高手，一个语言粗糙的作者，即便他的故事写得多么精彩，也很难具有文学性。我们不难发现，西篱对语言有种来自骨子里的天然的敏感，词语的张力和意蕴在她笔下自由生长、跳跃，字里行间的情感充沛而动人，看似轻描淡写，实则立意深远。比如“黄昏拦截了我”，比如“我无法动弹，不仅仅因为悲伤”，比如“与他如此赤裸并亲近，令我羞怯，同时感激不尽”等等，这些文字就像是从她笔下流出来的清泉，自然隽永，余音轻袅而意味深长。这便是西篱的魅力，也是西篱作品的魅力。

正如海子所言，“远方除了远方，一无所有”，小说的最后，某些人物的命运，依然无解，作为叙述者的“我”也依然在寻找。其实，西篱笔下这没有结局的结局，正暗合了生活无解的真相，暗合了人的生命，是从肯定走向否定的真谛，如同卡夫卡《城堡》中永远无法抵达城堡的K，如同推石头上山的西西弗斯，如同走向巴别塔的人类，走向上帝之门的羊……

——原文刊于《华夏》杂志2018年第4期

风云时代的精神印记
——评《改革开放与广东文艺40年》

近日，由陈剑晖、徐南铁、郭小东主编的《改革开放与广东文艺40年》（广东省委宣传部重点主题出版物，广东省人民政府文史研究馆组编）一书于广东高等教育出版社发行面世，引发文艺界广泛关注及好评。这部近90万字、厚达820页的专著，以炽热的笔触和灵动的语言，梳理广东40年文艺发展演变轨迹，翔实而客观地呈现了改革开放以来广东文学、影视、音乐、美术书法和戏剧等诸艺术领域的勃兴与风采，成就及经验，折射出广东人与时代风雨同行的文化品格和精神印记。

作为“时代记录者”，本书具有鲜明的时代特征，是时代变迁下广东人思想史的演绎和写照。正如丹纳所说，时代是影响艺术发生发展的要素之一，身处开放改革前沿阵地的广东，其文艺的发展自然与时代、与人的命运在时代推动和裹挟下的精神成长密不可分。中国人在20世纪前80年间形成的模式化思维，到了改革开放时期，依然有剩余和残存，甚至在一定程度上决定着现代中国人的价值选择和思想走向，所以改革开放重在思想的改革开放，必须要有新思想的出现和新观念的建立，新旧思想纠结对抗，不破不立，立在其中。广东文艺界在推动思想解放运动方面为全国树立了榜样。陈国凯的《我该怎么办》，刘斯奋的《白门柳》，章以武的《雅马哈鱼档》，戴厚英的《人啊，人！》，《花城》杂志创刊号、华夏的《被囚的普罗米修斯》，郭小东的《中国知青部落》，曹征路的《那儿》等小说，程贤章、李钟声、洪三泰等对报告文学的贡献，林贤治、莜敏、范若丁、黄国钦、詹谷丰、艾云等人的散文，《南方日报》批判“文艺黑线论”的文章，“社会主义悲剧论”“批判现实主义”“知青文学”等观点和概念的提出，“朦胧诗”争论的发起，“粤派批评”文化名片的打造，通俗文学和打工文学在广东的发源，以影视剧《情满珠江》《公关小姐》《雅马哈鱼档》《骡子与金子》等为代表的广东影视业的繁荣，以《碧血黄花》《弯弯的月亮》《涛声依旧》等为代表的广东流行音乐文化的辉煌，从“二高一陈”到关山月、黎雄才、陈金章、梁世雄等名家对广东美术界的贡献，以及以《乱世缘》《特区人》《南方的风》等为代表的广东戏剧的活跃，均在那个开放与反开放、“凡是”与“反凡是”不断拉锯较量的时代背景上，留下了一个个斑斓的印记，为广东的思想改革史留下了浓墨重彩的一笔。

本书写40年，但不为“40年”这一时间所限，改革开放与岭南文化的结合碰撞是各文艺门类之间共通共融的精神内核。于该书来讲，“40年”是一个纵向的物理时间坐标，横坐标囊括文学、影视、音乐、美术书法和戏剧诸艺术门类，纵横坐标看似被拘囿，实则具有开放性，它从同一的精神原点出发，分别向更广、更深的场域延伸，使看似壁垒森严的各艺术领域，在共同的哲学精神的观照下发生了肌理乃至灵魂上的联系。例如，写改革开放后的广东40年文学，不能不提改革开放前的欧阳山、秦牧和陈残云们，正是他们开辟了广东文学的江山，正如陈剑晖在导言中所写，“就文学创作方面来看，广东文学创作的黄金时期是20世纪五六十年代”，正是有了《三家巷》《香飘四季》和《艺海拾贝》等优秀作品作为启蒙和积淀，后来的文艺创作者才能更好地“顺应中国改革开放的新时代，用一系列带着‘海韵’、‘珠气’和‘鱼腥味’的小说、影视、音乐和美术，在内地掀起了一阵又一阵的飓风，创作了许多的‘全国第一’”。“40年”是逻辑时间上的“40年”，是深嵌于广东乃至中国百年文艺大变革时期的“40年”，是在历史时间长河中不断探索和发展的40年。

总的来说，该书的编撰体例，基于对改革开放以来广东40年文艺的“研究”，采用板块结构，对史、论两者各有倚重，评述结合，宏微观并进，有点有面，以理论梳理推动对作品的阐述，语言灵动鲜活，兼具学理性和可读性，力图在整理史实和记录图像的基础上，达到一定的理论高度。值得一提的是，该书对“粤派批评”现象作了充分的评析，梳理了这一文学批评现象的缘起与发展脉络及其贡献。“粤派批评”对推动广东文艺大潮的发展，对文艺精品的评价，以及对文艺现象的争鸣，都在全国产生了很大的影响与良好的效应，可以说，粤派文艺评论与创作是广东40年文艺发展快速前进的双翼。在文学板块，旧体诗的创作被编排为一个独立的章节，这在其他文学史专著中几乎难以见到，也是本书编撰的一个亮点。

文艺的生命与经典价值最终取决于思想。对于文学思想的探索，任重而道远。以改革开放40年为主题的单一类型的文艺研讨会、艺术展、出版物，近年来或许涌现过许多，但以这么一本厚重、全面、综合性的文艺理论专著记录风云时代变幻下广东人心灵史及思想史的，《改革开放与广东文艺40年》当属开创了全国先河。

——原文刊于《南方日报》2020年5月9日文艺评论版

在时间的风中，摹状灵魂的底纹——读艾云散文集《那曾见的鲜活眼眉与骨肉》

灵魂有纹理吗？可以被摹状和雕刻吗？那在时间的倥偬中，刮过的某阵风，下过的某阵雨，可以被钩沉和演绎吗？我读着艾云的文字，读着她的散文集《那曾见的鲜活眼眉与骨肉》，分明听到有风吹过，有雨飘过，有光闪过，有声音从文本间流淌而来——那是庖丁解牛时金属刀具与牛骨碰撞发出的声响，宛似一场场生命的独舞，为糅在历史和岁月中的事件，为消逝在季节和时间中的英雄，抑或平民。我感到我被拽曳和顶托着，和艾云一起，去看那黄河翻滚、槐香漫溢的开封古城和市井民间，看那漫长严冬中的苦寒北国，看那被淹没在历史沟壑中的烟华往事，看那些被抛弃被遗忘被损害和被侮辱的人的命运遭际所呈现的存在和意义。

这部散文集由《黄金版图》《乱世中的离歌》《民间在

哪里》《缠绊不清的男权》《那曾见的鲜活眼眉与骨肉》和《美学生活》六篇大散文构成，均是细腻而锐利、缜密而生动、诗化而智慧、感性而深刻的厚重文本，呈现了作者的艺术感、哲辨性和思想力。

艾云对艺术的敏锐感觉，源自对心灵沃土的耕耘。她是一位忠实于心灵的作家，她从“人”出发，写诡异博大的人心，写幽微复杂的人性。《乱世中的离歌》写民国时期，作为陈西滢妻子的凌叔华与武汉大学英籍青年教师朱利安的一段风月往事，艾云以女性敏锐的笔触摹写了一代才女凌叔华出轨朱利安前后的犹疑纠结、欢乐痛苦和焦虑失落。艾云说：“事实就是真相。……天下无新事，原本都是同情同理。……这不是一段艳情，不是供人们茶余饭后作为谈资的桃色轶事，而是有着非常复杂的隐情，让人有钻心的疼痛。如果你不是简单化潦草处理问题时，你会感应到。”是的，她用温润的笔，抚顺一地鸡毛的琐碎纹理，呈现高高在上的优雅的精神，呈现人身为人的尊严；她尊重灵魂的真实样貌，向人性致敬。在《那曾见的鲜活眼眉与骨肉》一文里，艾云写到一系列关于河流的故事，写到江岸上的一个女人，与一个撑船、逐江水漂泊过活的男人，在江边租屋、晓风残月下“金风玉露相逢”的尘事：男人宽厚的胸脯、高扬的脖子，女人柔软的腰身、明媚的眼眸，照亮彼此枯寂庸常的岁月和生命，即便男人最终“生死未卜”，杳无音讯，即便“女人已经走向风雨兼程的歧路”，那又如何，女人用“不合礼法”之勇敢换取男人之“舍得”的“民间规矩”，已然天经地义，正如艾云一语通的，“我原本想写的就不是人类整体性那历史概括的恢宏主题，而是想触及个人的时间。这可持续的和不可持续的时间里，那些眼眉，那些骨肉，那么地鲜活、生动”。在这样的表述里，我们不难读到艾云的内秀敏感：她是如此注重内心的感觉，总是如实又不失优雅地呈现人物的灵魂质地和生命状态，捕捉所有关乎“在苍茫的水面，一个人的救赎”的故事和人物。种种这些，到了她的笔下，都闪耀出短暂抑或恒久的灿烂光芒。

艾云的诗性语言和智慧思考建构起她具有哲辨气质的文本，这正是她写作伦理的异质性所在。她笔下的人物，无论是仗剑天涯的侠者，戍守边疆的戴枷囚徒、举世瞩目的虎跳峡朗保罗们，还是开封古城街巷中的引车卖浆者流，抑或逐水而居的族群、马上倥偬的王朝，乃至背井离乡的广州移民者、象牙塔里的历史学教授，聪慧敏感如艾云，自然看得到他们身上有光，眼底有大义，内心从容——这是启亮晦暗人世和庸常人生的点点灯火，是穿透暗霾沉雾的黎明曙光。出生于开封古城的艾云，似乎继承了这座世界级文明古城高贵典雅的文脉：她对语言的要求极高，既有对中国古典文学诗词语言的传承创新，又在大量的阅读中淀积了深厚的西学功底，这使她的语言呈现出“诗性+智性”的特质。她热爱西方哲学和文论，对黑格尔、康德、尼采、叶芝、韦伯、苏珊·桑格塔、雷蒙·阿隆、萨特、赫尔岑、波伏娃、伍尔夫、克尔凯郭尔等耳熟能详，但她的写作从不卖弄理论，不故作高深，她以低调澄明的心境、贵重的操守良知作为如诗文字的背景，将自己的思考对读者和盘托出；她童年劳苦，对贫民有着深厚的感情，深谙“渺小即伟大”的真理，因而她常常心怀古城，眼望星空。

在写作实践中，艾云擅长虚实结合，以温和宽容的方式将矛盾对立的双方联系起来，为诗性语言与智性思考打通启应的桥梁。比如，“她们站在时间的悬崖，不知能否理解女人的生命就像那无奈的风，一阵吹过就场光地净了”“女人不会找这种价值判断还停留在史前时代的男人交往，她不会自取其辱”“这主要是女人独立判断了，而男人又跟不上女人的高度”（《那曾见的鲜活眼眉与骨肉》）；再如，“海德格尔对她（汉娜·阿伦特）的成就故意不睬，而她则尽可能找机会去见他。哪怕在他们交谈时，门缝里是海德格尔妻子那双窥测监视的眼”（《美学生活》），“上帝用格外的恩宠，抚平她们身上的时间印痕。那印痕曾经带给一般女人斧砍刀凿的残酷。她们躲开了，获得了比年轻貌美更灿烂夺目的东西”（《缠绊不清的男权》），“无论怎样的称谓，这条沟，这道河，这坡上的祠堂和沟下的荒冢，在这块土地上倒下去的男人和女人，都是中华黄金版图上，那日夜守护我们国家领土完整的不死魂灵”（《黄金版图》）；又如，“这个男人的灵魂粗粝而复杂，是天地之间不受任何羁绊的、铺天盖地的自在，如风一样，在时间的凉峭寒冽里，发出自己浓烈的生命宣言”“他（陈西滢）不是有恶意的，但鲁迅说他是‘有恶意的闲人’，他百口难辩，也不准备辩白，这也就是他与别人不一样的地方，别人认为可以行得通的，他往往觉得不可以这样”“这些人在精神的高蹈中去思人性、历史幽微与奥秘，他们对世界文明越有贡献，他们的灵魂越壮阔，则越可能肉身孱弱，离自然本能远之又远”（《乱世中的离歌》），“民间在哪里？它就在普通人家飘来的一阵阵泔水味里，在推车串巷叫卖的吆喝声中，在男人们叼着烟卷逗鸟的单纯神情里，在女人们晾晒衣物时手臂上扬的姿势中。……民间远离庙堂，毗邻江湖，紧挨乡野。民间演绎的，从来都是不必虚构，就能吸引人心的生存故事。民间有太多心酸难熬的事情，想想，就得放下，不放下怎么办？人总得活着。民间因此相信传奇，相信因果报应和轮回。民间学会的是祷告，而不是诗歌与哲学的讨论”（《民间在哪里》）；等等。佳句频出且多神来之笔，意境开阔而张合自如。如此充满诗性和神性的语言，在艾云的笔下汩汩流淌。她奉黄河的使命，用冷利的热眼，去追寻被冲刷至岸旁和沟底的沙砾，去抚触个体命运的纹理。时间的风走过，不着痕迹，历史人文的“鲜活眼眉和骨肉”扑面而至，栩栩如生。

艾云是当得起“思想者”之称号的，她对文本思想性的叩问和追索，源自她心底一直葆有的怜惜与宽容、悲悯与厚道，她替世间的一切物事欢歌、哭泣、叹息、喝彩、无奈、忏悔，她在字里行间修筑起一座“修道院”。无论是凌叔华与朱利安的情感纠葛，还是海德格尔与汉娜·阿伦特的爱恨缠绊，抑或开封街巷里的医生吴清奇与女病人之间的八卦轶闻，抑或者某个不知名女人与某个不知名土匪的一段露水情缘，艾云都从不粗暴定义，而是理智冷静又满怀疼惜地走进他们的内心，听由人物随情节和灵魂自由生长。在《那曾见的鲜活眼眉与骨肉》一文的第五节，艾云写到对“丛林与都市”的思考。丛林代表最原始的非文明部落，都市具有“智力属性”，强调和遵循文明法则。然而，随着时间的流逝，随着历史的进步，随着都市的现代化发展，文明真的在全方位进步吗？人性和观念真的有所改益吗？人类的原罪和原欲是否还停留在丛林时代呢？男人和女人之间的情感纠葛、婚姻缠绊，又到了怎样的阶段？“都市在工作的意义上给女人以施展的天地。她们在不那么在意男人的目光时，……决心不再让自己像那红果一般饱满结实地挂在树枝上。……而男人则在女人和历史的双重目光盯视下，浑身更加不自在起来。”对于这些千古难题，艾云耐心探讨、层层剖析，并未给出答案和注脚，一如生命本身的“无解”一样，在历史和命运的吊诡安排下，只有无言是对的……

史河蒹葭，文脉绵延；沧桑山河，草木春秋。艾云的思想，艾云于文本间构筑起的“修道院”，脱不开她对命运的抽丝剥茧，脱不开萦绕推曳着她的“忏悔”心结，脱不开她广博的救赎情怀。艾云的写作是有野心的，她敬思想而不耽于其中，沉迷于剖析自身又能够及时跳脱，她从自我透视他者，透视每个生命个体的存在，进而去抚触人类整体命运的肌理与褶皱。在《缠绊不清的男权》一文里，艾云写道：“新时代的男权，使男人对生命有敬畏，对人性有敬重。他们曾经活过的证明，恰恰是在异性那里。……生命放进去，就是性别放进去，他们希望女人快乐、幸福，否则的话，自己的生命将无声无息，毫无乐趣可言。……在细细密密、真真切切的生命故事里，男权不指向政治，女权也不再指向运动。生命个体的讨论，必须先要悬置道德与伦理，……本来，这些东西就像蔓蔓芊芊的水草，在生命的深渊中缠绊不清。”在《乱世中的离歌》一文最后，艾云如此评价陈西滢：“这个有些冷漠的人，是不讨人喜欢。可他总在说出自己真实的主张，而不是党派的主张。……他不想冤枉别人。他在放过别人吗？没那么样的高风亮节，他只是想善待自己。无论在政治或是情感处理方面，都是如此。”如此作文，写得热情而冷静，宽容而公允，这便是艾云。随着挖掘和呈现，她常常把所谓美的、符合道德的事物，置于显微镜下，让读者看到其千疮百孔的真相；也把所谓丑的、见不得光的事物，置于显微镜下，显示其局部的绮丽壮美。艾云深爱着她笔下的每一个人物、每一个细节、每一丝感觉，写男人和女人之间诡谲的欲望和战争，写其建立在罪恶土壤上的高尚的情感，写生命个体在微妙事件中的“两难”处境——而这处境，何尝不是伴随于所有人生命中的伤筋动骨的疼痛？不正是整个人类所共有的命运和遭际吗？

写至此处，我仿佛看见远离豫乡故土、坐在粤地花城雕花窗棂下的艾云，正饮下醇香的陈皮酒，提气，凝神，酝酿，至微醺状态，写下如牡丹花般散发着高贵、优雅清香的文字——由这文字结构起的文章，有黄河流动的气韵：意境朗阔，一咏三叹，荡气回肠！可摹状落日与旭阳同在的场景，亦可拥抱寂静澄明的光辉。从黄河岸到珠水边，艾云埋头写下的文字，却如她高高盘起的发髻，诗意飞扬，精神高蹈，照亮灵魂和命运的理纹。

——原文刊于《南方都市报》2020年8月23日

卢锡铭散文的柔情与风骨
——以散文集《枕水听涛》为例

第一次看到“卢锡铭”这个名字，是在2020年出版的《改革开放与广东文艺40年》一书，当时我应邀为此书写评，在散文卷读到专章评述卢先生散文的文章，编者如此评价：“作为20世纪90年代以后颇有成就的出版界散文家，卢锡铭的散文有着鲜明的创作特色：他对生他养他的故乡怀着浓浓的柔情……以诗性的眼光来看待生活，以诗性的笔调来展示生活中的质朴与善良。这样，他的童年记忆，他的缕缕乡情，他的真诚与感恩，便幻化为一种美——它美得像一支支牧歌，美得像一首首散文诗……”

文章引用了卢锡铭第三部散文集《带走一盏渔火》中的一段文字：“仲夏之夜，石板桥又成一景。桥上站着躺着一桥乘凉的男人，我们常常跟着去凑热闹，一面享受着轻轻吹来的江风，一面听着人们在斗嘴，在讲井市趣闻。偶尔还可看见一两叶轻舟从桥底轻轻划过，乃伊的桨声与橹声伴随着船影，渐渐消失在一笼烟水的夜幕中，不灭的是小河深处那三五数点忽明忽暗忽高忽低的渔火……”

一幅澄明恬静的岭南生活画卷在眼前徐徐展开，“岭南散文那种特有的自然质朴、温暖多情、流畅而又清新明丽的艺术品格”扑面而至。这是水乡滋养出来的散文家呵，天生具有抒情诗人缠绵的情感，

字里行间氤氲着如水的淳美柔情。但又不仅仅是柔情，“桥”“小河”“轻舟”“渔火”等富有中国古典文化积淀的意象共同建构起一个“形神兼备”的超凡意境，活灵活现地描摹出当地居民的精神状态和意趣。仲夏夜，伴着桨声、橹声、船影和高低明灭的渔火，人们乘凉、斗嘴，讲市井趣闻，作者以孩童的视角钩沉岭南水乡独特的生活情志，思与境谐，浑然天成，在平实自然中凸显文章风骨。

后来，在作家艾云组织的一次聚会上，我得以睹见卢先生真容：身材魁梧高大，风度翩翩，笑容和煦敦厚，给人一种温文尔雅又气宇轩昂的感觉，气场十足。算是真正认识了。看着眼前的彬彬君子，又想起他的文字，那种柔情和风骨兼具的感觉更浓了。

我们如今常用的“柔情”一词，最初出自曹植《洛神赋》：“柔情绰态，媚于语言。”曹植在洛水上写洛神，洛神柔美的情态，映在曹植的眼中，皆如梦如幻如风如月如云如

水。宋代秦观在《鹊桥仙》一词中直言“柔情似水，佳期如梦”，将“柔情”与“水”连缀成词，流传至今。“水”是中国文学艺术作品中一个重要的意象，意象的历史是文人情感流动的历史，水是历史的，更是审美的，是可“入画”“入诗”的。

对于“风骨”一词，刘勰在《文心雕龙》中做过重要阐释，认为“风”是一种以作者的思想感情、精神面貌为基础的、借助文章表现出来的感染力量，由气势、情调、韵味、风姿等因素凝聚而成；“骨”乃是借助端直、精练的文辞突出表现出来的文章的中心与主干。“风骨”犹如“征鸟之使翼”，与作者的文采有着密切的关系。《诗经》包括“六义”，“风”居其首位，是教化与感染力量的本源，是作者思想感情和精神面貌的具体体现。（刘勰：《文心雕龙》，王志彬译注，中华书局2012年6月版。）

可见，好的文章理应：情思与志趣相伴，言辞与骨力并存。我在读卢锡铭的散文集《枕水听涛》时，再次感受到他的斐然文采，他字里行间无处不在的柔情与风骨。

书名叫“枕水听涛”，水是卢锡铭文本中一个重要的意象和精神原型，传达着婉约清丽、迷离柔情的美学意蕴。无形无状的水，是可以安枕的吗？显然，此处的水是艺术的，是抽象的，是作者的一种审美意识。在作者心底和笔下，水被情感化、艺术化，成为富有审美意蕴的诗性语词，承载着作者的满腔柔情。“听涛”则是一种思乡怀乡、寄寓人生理想的精神家园启示，古有刘克庄梦想“与牧之高会，齐山诗酒，谪仙同载，采石风涛”，今有毛宁演唱的流行歌曲《涛声依旧》。江河涛声不是偶尔掠过文人墨客和艺术家的心田，而是一种审美蕴藉和文化心理。卢锡铭离家数十载，客居大都市，功成名就，但故乡“水乡依依、斜阳寂寂”的诗意宁静，永远是他灵魂深处的精神家园。

《枕水听涛》主要内容由故园水韵、乡里乡亲、蜃楼烟雨、龙的嬗变共四辑构成。故乡、故土、故人、故事是一个作家重要的心灵根据地和创作灵感之宝藏，写故乡是众多作家的宿命。自古以来，中国文学实际上一直是乡土文学，城市文学自现代发轫，以《骆驼祥子》为代表，到近些年才逐渐发展壮大。中国现当代大多数作家，一直在乡土题材领域耕耘跋涉，如沈从文的湘西世界，路遥的西北农村，莫言的高密东北乡，毕飞宇的苏北“王家庄”，梁鸿笔下的豫地梁庄等等，已成为中国现当代文学意象之林中的经典代表。评论家张英说：“中国社会最基础的是农民。中国的城市人说到底也是进了城的农民。中国的城市是都市村庄。农民的根性渗透在我们的各个方面，我们的行为方式，依然是农民的行为方式。”（《文学人生：作家访谈录》，上海教育出版社2005年版）。因此，中国的文学艺术创作，自古以来就有“恋土”和“怀乡”的传统。卢锡铭也不例外，他出生于东莞虎门，笔下风景自然离不开虎门风致，以富有柔情与风骨的款款文章，深情书写了故乡的历史文化、风物人事和旧容新貌等。

比如，他在《咸水歌里人家》一文开首这样介绍："'水上人家'，是岭南一个很独特的民系，其中的一支，跟虎门又有千丝万缕的关系。……早在史前，虎门境内已有氏族部落及渔民聚居，以渔猎为生，这些便是虎门'水上人家'的始祖。汉代以后，虎门一代沿海盐业逐步兴起，广大盐民、灶户也兼营渔业。自明代以后，虎门成为莞邑海鲜与咸鱼的主要产地和集散地……水上居民，旧社会被称为'疍民'，虎门人称之为'疍家'。'水上人家'主要从事水上运输和捕鱼，他们以船或艇为家，'处处无家处处家'，过着四海漂流的生活。"短短百来字，铺展开一幅虎门与"水上人家"源远流长的历史画卷。"水上人家"，听来给人一种神秘和浪漫的感觉，可背后是坚硬的生存质地。水上，人家，每个语词都指向谋生，指向危机，是一种不确定和对未来的隐忧和恐惧——谋生是艰辛的，再强壮的肉身，再富有英雄主义的情怀，都需要有果腹之物的支撑，更何况是水上的生存。

然而，作者又写道："'水上人家'，虽然是漂泊于江海，但还是有他们自己独特的风俗与文化的，他们保留较多的是百越民俗，其图腾为蛇，自称为龙种，……'水上人'几乎每个人都有一手水上绝活，或搏波击水横渡珠江，或潜入海底扳船救生，或撑篙避开漩流暗礁，或摇橹闯过急流险滩，他们以能当‘浪里白条’为傲。”不仅如此，“水上人家”的风俗，给作者印象最深的还有船家养家禽（三鸟和猪），孩子腰间挂葫芦（防溺水、便于打捞），以及别具一格的婚嫁旧俗。正如《改革开放与广东文艺40年》里所评述的那样，卢锡铭“对生他养他的故乡怀着浓浓的柔情”。散文写作是对心灵世界的耕耘，卢锡铭对故乡用情至真至深，心底柔情自笔端涓涓流淌，但又深明文风之义，炼字造词精确，文韵凝练舒畅，行文明朗刚健，字里行间充满超逸不凡的气度和感染力量，这便是风骨的力量。

《古屋飘溢翰墨香》以一座老屋的变迁，写出了对城镇化发展过程中，历史文物如何保护问题的思考：“农村向城市转变，这是历史的必然，在这华丽的转身过程中，千万注意别毁了有价值的历史文物。倘若楼宇‘长’高了，街道变宽了，优良的传统文化却矮化了，变窄了，这可是一件十分可悲的事呢。”作者的观点和呼吁，彰显了一个读书人、出版人和文化人的使命与良知，也体现出一位散文大家的风范与格局。

“以后每逢周末，我几乎都跟虎叔去海边捕鱼，一则为家人补饥，二则学点捕鱼本领。而最令我感兴趣的是看系在虎叔腰间的那盏渔火，看它在风中雨中浪中闪烁、沉浮与明灭，我常陷入沉思，思索着它蕴含的人生底蕴……”这是《带走一盏渔火》中的文字，作者以澄明的眼光回顾自己少年时代在家乡海边捕鱼遭遇抢劫的经历，讲述德高望重的乡人虎叔参加抗美援朝、后回乡当民兵营长造福乡里和百姓的往事和细节。作者以主人公虎叔腰间的“渔火”为照亮文本主旨的“心火”“明灯”和“火炬”，构思别致，但丝毫无刻意雕琢的痕迹，叙事坦诚流畅，抒情质朴而隽永，一切都那么自然，确非一般笔力可为。

卢锡铭的散文创作，重视文字、词语的凝练，重视语言的优美灵秀，致力于对心灵世界的开拓和耕耘，怀着对故乡的厚爱与深情，情与气偕，风骨犹然。在散文集《枕水听涛》中，古埠、水乡、咸水歌、自梳女、小巷、骑楼、木屐、木棉、烟雨、芦花洲、磨碟口、伶仃洋、渔火、涛声等意象，是卢锡铭反复书写和吟咏的虎门意象。与其说是一组文学意象，不如说它们已成为一种特有的文化符号，在作者寓风骨于柔情的书写观照中，愈发超凡而挺拔，呈现出一个地域的精神和文化气质。

——原文刊于《海内与海外》杂志2024年第6期

高贵与悲悯：作为编辑的作家范若丁

一、由一桩文学公案说起

2014年冬，我到汕头参加一个文学采风活动。途中，载着40人左右的大巴停靠在某服务站，供大家下车休息、吃早餐。岭南的冬天虽说没北方那么严寒，但清晨的湿冷空气直逼人的肌肤，加上有点风，凛冽地吹在脸上，那种扎扎实实沁入骨髓的凉，也是令人不好受的。所以，大家吃早餐的速度是极快的，一番风卷残云后，不用组织者呼唤，全都迅速坐回温暖的车里。这时，我忽然留意到，就在我们刚刚吃过早餐的地方，在某套露天的桌椅旁，一位高高瘦瘦的老人正在清理桌面上的鸡蛋壳、橘子皮、一次性杯等残留物。他腿脚似乎有些不便，走路的时候显得略微有点高低脚，与他挺拔的身躯形成鲜明对比，他清理过的桌面与旁边乱糟糟的桌面也形成鲜明对比。车厢内言笑晏晏，大家或许都没注意到这一细节，我不由得看向自己刚才用过的那张桌子，心下赧然。

这个画面也一直定格在我的记忆中。

那位年届八十的老人，便是范若丁先生。步履蹒跚的范先生丢完垃圾后，攀上车来，在临近车门的座位上坐下来——刚好与我邻座。目光相接，范先生主动朝我点头示意，笑容和蔼。经交谈才知，范先生是河南汝阳人，出生于开封，和我老家巩义离得不远。范先生看我是同乡，又是现当代文学方向的，笑容更亲切了，主动问我："现当代作家里，你喜欢哪个呀？"我不擅长与人打交道，尤其面对文学前辈，有点紧张，脑子居然瞬间短路，什么都答不上来，蒙了！恰巧当时，汤唯主演的电影《黄金时代》正在热播，我便脱口而出——萧红。范先生点点头，面色凝重但平和，感慨道："萧红走得太早，我和她的男友萧军、丈夫端木蕻良都有交往……"

于是，一个全新的、颠覆既往文学史的世界，在我面前徐徐开启。在那个充满魅力的冬天的早上，在一辆冲破清晨迷雾持续进发的大巴上，范先生用他稍显拗口的河南版普通话，为我还原了一个形象鲜活的端木蕻良，以及端木对萧红的真实感情。

后来，我在范先生2014年10月24日所写的追忆文章《远去的端木蕻良》一文中读到这样的文字：

> 1942年1月萧红于香港病逝，文艺界甚或社会上有了端木情负萧红的"离弃之说"，令端木几十年遭人误

解和诟病。……战火中端木一个人离开香港，撇下萧红不管的薄情说、离弃说，最初来自骆宾基写在《萧红小传》中的一段话。1941年12月7日，日军偷袭珍珠港，8日开始轰炸九龙，9日端木将萧红由九龙迁往香港，安顿于思豪酒店。骆宾基在《萧红小传》中说萧红住进思豪酒店后端木就不在场了，更进一步说："从此之后，直到逝世为止，萧红再也没有什么所谓可称'终身伴侣'的人在身旁了。"这就是说，直到萧红病亡，端木都不在萧红身边。……

事实是，1941年7月萧红因肺结核及痔疮等病症，住进了最大的公立医院——玛丽医院。萧红耐不住长期住院的寂寞，不断吵着出院，11月端木只好将她接回家。这年中秋节前，刚到香港身无分文的青年作家骆宾基试打电话向端木求助，当时端木在时代书店主持《时代文学》，曾看到过骆宾基的作品，又是东北人，决定给予帮助。他先给骆解决了吃住问题，后又将自己正在《时代文学》上连载的长篇小说《大时代》抽下来，换上骆宾基刚写的长篇小说《人与大地》。日军开始进攻九龙，骆宾基本想突围返回内地，端木考虑需要一个帮手，就请他暂时不要走，帮忙一起照顾萧红，骆出于友情欣然应许了。端木在外面有许多事情要做，守在萧红病床边的时间可能没有骆宾基多，但照顾萧红的主要责任还是端木承当的。从1941年12月9日至1942年1月22日萧红病逝的四十五天中，在日军炮火紧逼之下，萧红的住处转移了六次，医院转移了四次，其中包括最有名的罗士达酒店（即半岛酒店）、最大的私人医院养和医院、公立医院玛丽医院、法国医院等，这要端木去筹钱、托人、找朋友才行，靠骆宾基是绝对无法办到的。……在日军一步一步将半岛酒店、玛丽医院、法国医院军管之后，端木万般无奈才将萧红转移到法国医院在圣士提反教会女校设立的救护站，萧红就是在那里去世的。……

应该说，端木蕻良和骆宾基为了挽救萧红的生命，都尽了最大努力。如果说萧红的死要有人负责的话，第一是日本军国主义者，第二是养和医院误诊的庸医。端木与骆宾基后来的争执，产生于二人之间本不应有的误解。萧红为人常有偏激之时，病痛中发些牢骚，向骆宾基说些抱怨、指责端木的话，本不足为奇，但骆宾基却少加分析。到桂林后，又因《呼兰河传》版权事二人发生冲突，致使骆宾基对端木的误解与责难步步加深。[1]

在许鞍华导演的电影《黄金时代》中，萧红病重住在玛

1 范若丁．远去的端木蕻良[M]//范若丁．背影渐远．北京：中国友谊出版公司，2021：44-45．

丽医院，端木在外奔忙，骆宾基守护在萧红的病榻前，他趁萧红昏睡之际，坐在桌边记下与萧红的聊天内容。他问："你为什么能和端木生活三四年呢？"萧红说："筋骨若是痛得厉害了，皮肤流点血，也就麻木不觉了。我们是不能共患难了。"话里话外，透着凄楚和绝望，很像是出自敏感多情的萧红之口，也便将矛头直指端木，将端木刻在了"负情薄幸"的柱子上。骆宾基又进一步写道："在隆隆的炮声当中，我们谈文学，谈鲁迅，谈各自坎坷的经历。端木有三四天没露脸了。"2013年，在霍建起导演、宋佳主演的电影《萧红》中，也有个很经典的场景：萧红随端木蕻良抵达香港，端木手插裤袋、表情冷漠地走在前面，后面跟着手拖行李、气喘吁吁的萧红……

虽然，我们不能将电影中的人物形象完全和历史人物挂钩，但电影具有强大的传播力和影响力，其中所用的素材也多来自文学文本，它携着文学史既定和惯有的偏见和价值观演绎人物，并传达给广大观众，将端木彻底给丑化成了一个始乱终弃的"薄情寡义"之人。逝者已矣，真相永远埋在黑暗之中；至于当时的细节和具体情况到底是怎样的，只有当事人最清楚，后人也不必过分苛责和追究。想想在那样残酷的战争年代，死亡近在咫尺，再伟岸高尚的人，命运也如同草芥，随时可能被摧毁，化作无声的尘埃。正如范先生文章所分析的那样，萧红的死因是多方面的，她与萧军、端木和骆宾基之间的

“轶事”一直被炒得热火朝天，因此也更引发了今人对她死因的诸多猜想。“端木蕻良在萧军正式提出与萧红分手之后，不顾萧红怀着萧军的孩子，毅然爱上萧红，并为了给萧红以安全感，不顾家人和朋友的劝说与反对，坚决与萧红举行婚礼，正说明他对萧红的真诚与挚爱。萧红性格上有女性温柔的一面，也有倔强、随性的一面，婚后家中许多事是听萧红的，去香港也是萧红的意见。……有人说，到香港后端木对萧红不好，谈及此端木只有苦笑，他说香港两年是他和妻子婚后生活最安定的两年，也是萧红创作成果最丰盛的两年。在这两年萧红写了《小城三月》《马伯乐》和可以传之后世的《呼兰河传》等等作品。”[1]可以说，范先生的叙述和分析是客观中肯的。

萧红，是一个心胸满蓄温情和爱意，身体却屡受摧残、血肉之躯被消耗磨尽的女子。彼时年月，炮火连天，缺衣少食，她在大东北冰天雪地的天气里生下第一个孩子，匆匆送人后便跟着萧军四处奔走，连个完整的“月子”都没坐完。她就算身体底子再好，也经不起如此折腾。她在和萧军同居的日子里，经常要忍饥受饿，面对挂在邻居门外的“列巴圈”无数次泛起“偷”的念头。“郎华仍不回来，我拿什么来喂肚

1　范若丁．远去的端木蕻良[M]//范若丁．背影渐远．北京：中国友谊出版公司，2021：43-44.

子呢？桌子可以吃吗？草褥子可以吃吗？”[1]萧红在一篇名为《饿》的散文中写道，文中的“郎华”指萧军。适逢乱世，两个情投意合的年轻作家，别说文学理想和革命理想了，日常的生活都难以维持。没了米粮支撑的身体，纵有青春的血肉和高亢的理想托举着，也经不起漫长岁月的虚耗。况且那不安宁的岁月里，还有爱情的悲喜离合、再次怀孕生产对身体的透支，以及偏执敏感的性格对于精神的内耗。一个正值壮年的女子的精血，就被那日积月累的坚固流年给揉碎、抛掷了。即便如此，她还在坚持写作——这更是个费脑力的体力活。因此不难推测，范若丁的文字，“他（端木）说香港两年是他和妻子婚后生活最安定的两年，也是萧红创作成果最丰盛的两年。在这两年萧红写了《小城三月》《马伯乐》和可以传之后世的《呼兰河传》等等作品”，是不失根据的。如果没有香港两年的安定生活和悉心调养，萧红的身体状况属实撑不起她后期的创作。“婚后生活最安定的两年”，端木简练的表述里，藏着并不简练的人生秘密。试想，萧红身体不好，又痴迷于写作，照顾她生活的重担无疑落在端木身上，作家夫妻客居异乡的日常生活应该和普通老百姓无异，要面对打开事业局面的宏观规划，也要解决生活中琐碎具体的柴米油盐问题，而这一切，显然大部分都需要端木肩起来。

1 萧红．饿[J]．阅读与欣赏．1996（5）．

“《黄金时代》是一部近年少有的优秀影片。我十分敬重那一代在连天烽火中奔走，既有救亡热忱又有罗曼蒂克情愫的年轻人。它们都走远了，端木也走远了……作为后人，我们不必再对他们品头论足。”[1]范若丁在文末如此写道，似乎再次陷于凝重和沉默，而只好将答案交于风中。

二、“作品之外的另一个文学世界”

范若丁，1934年生人。原名范汉生，河南汝阳人，少时在家乡和开封读书，后到武汉、广东从事过多种工作，曾任花城出版社社长兼总编辑、《花城》杂志主编。特殊的成长和工作经历，使范若丁成为新时期诸多文学活动的参与者、组织者、见证者。他参与了《花城》杂志创刊和艰难奋斗的前十年，发掘并见证了一大批优秀作家的成长，组织策划了许多重量级的文学活动，与中国现当代文学史上的诸多前辈和作家发生过或文学或人生的关联。

《编辑部内外》一书的开篇《风雨花城十年事——一个刊物的创业史》是由范若丁口述、申霞艳整理编写的《花城》杂志创刊前十年的工作回忆录，内容丰富翔实，涉及《花城》如何创刊（缘起高鹤会议），刊名如何确定（受秦牧散文集《花城》的启发），《花城》的三位开创性资深编

1　范若丁．远去的端木蕻良[M]//范若丁．背影渐远．北京：中国友谊出版公司，2021：45-46.

辑李士非、易征、林振名和副社长苏晨以及编辑吕文、林贤治、李晴、叶曙明、舒大沅、岑毅鸣、李梦飞等团队群像，《花城》如何迎来早春、如何名声高涨及面对伴随而来的风波迭起，“四大名旦”之说与成立花城出版社，杨沫报告文学《不是日记的日记》之风波，编辑部内部争论与不该发生的误解，编辑部作为“作家的避难所”之说，建立坚实的编辑队伍和优秀的作者队伍继续攀登的历程，《花城》的省内外作家群体，花城文学奖的设立，在解构和碰撞中转型的艰难探索和反思，等等，诸多细节，诸多不易，坎坎坷坷磕磕碰碰，个中风雨霹雳和是非曲直，读来令人热血沸腾，唏嘘感慨。

“80年代上半期是一个激情横溢的年代，而文学则更是充满了昂扬向上的力量。”[1]没错，那是一个文学艺术在人们心中堪称丰碑和灯塔的年代，范若丁与他的同事们亲历、经验并见证了那个高光的时代，他和《花城》刊物、花城出版社以及作者们同呼吸、共命运，一起为当代文学的繁荣贡献了力量。《风雨花城十年事——一个刊物的创业史》的“编辑按”中有这么一段话：

创刊之初，《花城》以丛刊的形式与读者见面，受到了读者广泛的欢迎，曾创下60多万份的发行记录。

1　陈晓明．表意的焦虑——历史祛魅与当代文学变革[M]．北京：中央编译出版社，2022：59.

1981年镇江会议上，《花城》更以其婀娜多姿的文学姿态被美誉为纯文学期刊的“花旦”，与《收获》《十月》《当代》并称“四大名旦”。20世纪80年代初期，《花城》陆续创办了各类文学增刊，并开设“花城文学奖”，刊发作品如路遥的《平凡的世界》等均获得国内各项文学大奖，得到学界的广泛认同。[1]

作家的成长，离不开刊物的栽培和扶持，更离不开编辑的付出。范若丁在《花城》编辑部前十年的工作经历，见证刊物、编辑和作家之间因为文学而搭建起的桥梁，所产生的惺惺相惜的情谊，“像史料一般勾勒出作品之外的另一个文学世界”。丹纳认为，艺术不是孤立的，它从属于艺术家，同时也包括各种艺术流派，以及它周围的社会；要了解艺术品、艺术家或者艺术流派，必须正确地设想他们所处的时代精神和风俗概况，这是决定一切的基本原因，就像气候影响植物一般，精神文明产物也只能用各自的环境来解释。[2]思想解放运动之初，乍暖还寒、风云变幻之际，《花城》杂志走在冲破禁锢的前方，以改革和开放的姿态，解放思想、博采广收，以智慧和勇气为优秀的作家和作品敞开大门，为80年代文学的繁荣发

1 范若丁. 风雨花城十年事[M]//范若丁. 编辑部内外. 广州：花城出版社，2017：5.

2 ［法］丹纳. 艺术哲学[M]. 曹园英，编译. 西安：陕西人民出版社，2007：2.

展作出了重要贡献。《花城》引人瞩目的成绩背后，无数作家、作品因《花城》而名声大噪的背后，是刊物、编辑和作家共同成长、互相浇灌、互相照亮的温暖场域，其中的细节是珍贵且少为人知的，需要打捞和钩沉。在这方面，范若丁的写作为我们呈现了丰富的面向，是对现当代文学史尤其是新时期文学史的重要补充。

在《编辑部内外》一书中，范若丁提到杨沫的写作，“小说《青春之歌》融有她个人的经历与追求，但并非自传体小说。她年过七十还写了《不是日记的日记》《自白——我的日记》《芳菲之歌》和《英华之歌》，字数近二百万，令人钦佩。她为人热情慷慨，乐于助人，但她操心的事情太多，心不静，这对她的写作和身体都不利。一个人要摆脱俗务，走进宁静境界很困难。1993年我和朱燕玲去北京，上医院看过她，这是我见她的最后一面”。[1]

《背影渐远》可看作是对《编辑部内外》一书的文学性补充。在《背影渐远》这本回忆性的散文集中，范若丁以生动的笔触叙写了自己与叶圣陶、巴金、沈从文、端木蕻良、孙犁、杨沫、秦牧、白桦、王蒙、戴厚英、张中行、遇罗锦等作家前辈们“亦师亦友”的交往经历。

《背影渐远》中有两篇写杨沫的文章，分别是《初见杨

1　范若丁．风雨花城十年事[M]//范若丁．编辑部内外．广州：花城出版社，30-31．

沫》和《当杨沫遇见秦瘦鸥》。1981年，杨沫从北京来到广州《花城》编辑部商谈她的作品；责任编辑范若丁在同杨沫相处的几个月中，“认识了一个真正的人，一个表里如一，热情，赤诚，豁达，坚强的老共产党人”！这是《青春之歌》后面站着的作家的形象。对于《青春之歌》的主人公林道静的形象，范若丁如此回忆：

> 杨大姐向我详细地讲述过她的身世、经历和创作《青春之歌》的前前后后。她笑着对我说：“林道静是我又不是我。”
>
> 有几次，广东一些作家与文学青年向她提出这个问题，她说：“肯定讲，小说中的林道静身上，有我的某些生活影子，但不能说林道静就是我。我可以这样说，林道静是我又不是我。林道静不是一个臆造的人物，如果我没有在小说描写的那个时代、那个环境生活过，如果我没有感受过林道静感受的苦闷、追求和欢乐，我当然写不出一个特定的林道静，但林道静不是生活中一个原原本本的真人。”[1]

《青春之歌》对一代人的影响实在太广泛太深刻了，对

1　范若丁．初见杨沫[M]//范若丁．背影渐远．北京：中国友谊出版公司，2021：61-62.

于“林道静”的性格和形象分析，一直是文学理论界的热门议题，范若丁的散文对杨沫出身和成长经历的真诚讲述，像解谜一样，为我们重新认识和研究作家杨沫以及林道静形象提供了更多的维度和可能，他说，“没有一个追求革命、热爱革命的杨沫，绝写不出一个追求革命、热爱革命的林道静”，“创作不能离开生活”。

《编辑部内外》和《背影渐远》是范若丁从编辑的视角，为读者钩沉的一幅幅文人日常生活和写作图景。在这两本书中，我们可以看到隐藏在作品背后的作家，他们在生活中的灵动样貌。叶圣陶的《日记三抄》是再版多次的文学畅销书，他的《稻草人》也影响了一代又一代人，《背影渐远》一书的第一篇，是范若丁回忆与叶圣陶先生交往的散文《童心上一片不凋的绿荫》。1981年7月，范若丁和《花城》杂志的两名编辑为《日记三抄》的出版事宜，去拜望这位声名卓著的作家、教育家和出版家叶圣陶。叶圣陶住在北京深巷一个四合院里，白发银须，面色红润，喜欢着白色衫裤，连袜子、床单、杯子和枕头也是白的，居室内超然脱俗、纤尘不染。在采访过程中，他分享了一些出版旧事，传授了许多编辑经验，“很关心出版事业是否后继有人的问题”。后来《日记三抄》如约与读者见面了，那是叶圣陶日记的第一次结集出版，“不仅具有很高的文学价值，而且为研究作者及其同时代的作家、教育家、出版局提供了丰富的资料”。《海、激流和巴金》记录范若丁和同事访问巴金的经历，及其《序跋集》的出版过程。巴金住在上海武康路一座带庭院的西式小楼上，“头发已经苍白”，“方阔的脸上架着一副大眼镜”，人如其文：至诚、单纯、亲切和青春的热情。巴金谈到自己的第一个责任编辑是叶圣陶，自己的第一篇小说《灭亡》就是叶圣陶发的稿，丁玲的第一篇小说《梦珂》也是叶先生编发在1927年的《小说月报》上的，如果没有叶圣陶，也就没有巴金后面的文学生涯。那次采访后，他们同巴金在后院阳台上合了影，巴金又介绍自己在四川人民出版社工作的侄子给他们认识。《沈从文的不尽乡思》一文写1981年春，受花城出版社约请，沈从文偕夫人张兆和到广州看《沈从文文集》清样，并顺道去香港看《中国古代服饰研究》清样期间，逗留广州“日夜埋头工作”的经历。范若丁安排他们夫妻住在越秀宾馆，并时常搀扶从文先生在小花园散步，谈论文学创作心得；范若丁以沈从文赠给自己的一轴章草条幅为切入点，叙写了沈从文的思乡情结。《孙犁印象》一文中，范若丁和同事苏晨去访问时，正巧遇上孙犁先生在吃早饭，知道他们的身份后，孙犁先生“急忙把面汤和咸菜放到台基的矮墙上，进屋给我们搬凳子”。六十九岁的孙犁“视力已经不佳了，但精神还好”，“身材瘦高，穿一件白汗衫，一条土色的短裤，一双圆口布鞋”，平时基本上“足不出户，闹市隐居”，但心从未闭锁。在《远去的端木蕻良》一文中，范若丁写到一个细节：杨沫受到某大学师生的请求，热心为在香山建设“黄村村曹雪芹纪念馆”之事奔走周旋，并称端木蕻良为“大红学家、大权威”，请“他们那帮红学界的老先生们对年轻人多多扶持，不要压制”，后来在杨沫和端木的努力下，纪念馆落成，范若丁感到“心中甚慰”。《初见杨沫》一文写1981年12月杨沫到广州商谈作品出版事宜，“穿一件鸭绒风雪大衣，领下露出红毛线衣的高领，戴一顶式样新颖的线织小帽；神情爽朗，迈着硬朗的步伐”，对广州街景“赞不绝口”，充满着好奇，不停地问这是什么树，那是什么花，称自己“到了没有冬天的地方”。几天后，范若丁陪杨沫、谌容、戴厚英、叶蔚林、南丁等到广州解放北路的惠如楼饮茶，体验广州人喝早茶的乐趣；杨沫非常兴奋，和同桌的茶客热情交流，嫌自己坐在小房间里，接触的人少，说“喜欢同大伙在一起，同一帮年轻人在一起”。《当杨沫遇见秦瘦鸥》一文，以诙谐的笔调写了新鸳鸯蝴蝶派代表人物秦瘦鸥和革命作家杨沫杨大姐之间的机缘和交往逸事。1986年暮春，两人受花城出版社之邀来到广州，分别住在小岛四号楼和二号楼，同在一个食堂吃饭，抬头不见低头见，“上海老头”秦瘦鸥读过《青春之歌》，对杨沫有仰慕之情，也有点意思，“细微处对杨沫多有照顾”，但“杨大姐对过去不是一条阵线的秦瘦鸥却隔膜甚深”，故意与他保持距离，秦瘦鸥也知趣而退，因而两个人最终并没有实现革命现实主义与革命浪漫主义的结合。《张中行的宽容与决绝》一文中，杨沫在80年代初回忆自己与张中行分手时的情景，为我们还原了一个青涩、多愁善感的少女杨沫的形象。《无名氏的回声》写的是80年代，《北极风情画》的作者、大名鼎鼎的作家无名氏卜乃夫的新作品“无名氏作品系列”（包括《绿色的回声》在内，共六本），与花城出版社结缘出版后又被无辜告发的一连串风波，以及他的两段剪不断理还乱的情感经历，堪称无名氏在新时期文坛发出的“回声”。《泪别秦牧》写了“不务虚名，工作极其认真负责”、求实缜密、待人宽厚的秦牧形象，写他“早已离开出版界，但仍关心着出版工作”，提醒编辑们“出书多也要把好校对关，一篇好文章里边有一个错别字，就像一碟好菜里有一只苍蝇一样”。范若丁对这些文学前辈充满敬意的真挚抒写，对他们成名前后细节的娓娓道来，是文学的，也是历史的，是渐行渐远的，更是永久流传的。

这些文学史背后的故事，令读者重返80年代的文学语境，切身感受前辈们当时自我诘问、自我反省、自我突围等的精神境况，予人精神的力量。《日记三抄》出版后，范若丁收到作者叶圣陶赠送的签名本，“发现书中有用笔改的个别错漏，心不禁怦然一动”，“感到了一种无声的鞭策”。1936年，短篇小说集《荒》的作者田涛寄了《荒》的书稿给巴金，请求帮忙出版，后来因北平沦陷，书稿没了下落，巴金到了香港后，还惦记着此事，“主动将这位未曾谋面的青年作者散发在报刊上的文章集起来，编成一本书，并写了后记出版”。屈曲夫《三月天》的出版，情况也大致如此。沈从文对待自己的文字非常谨慎，在《沈从文文集》的编稿过程中，他撤下了许多篇，如果编辑不舍得，“他就耐心说服编辑，仍然坚持抽下”，在整个校改过程中，也“力求保持作品原貌”，以保持对自己作品的客观态度与对读者的忠实态度。而孙犁对生活的淡泊，对事业的执着，对作家们的关心，正像是白洋淀里的芦苇，轻贱朴实，却乐于奉献。《张中行的宽容与决绝》一文，写了杨沫和张中行一波三折的情感公案，分析了作为杨沫第一个爱人、《青春之歌》中余永泽原型人物的张中行，他在生活和感情中不为人知的一面，他“一生清高”，与杨沫的思想分歧、性格摩擦，以及对杨沫的狠心、决绝、深情和包容，读来令人动容。文章尤其写到在“文革”时，张中行誓死不揭发杨沫，并尽力维护她的经历，表现出张在艰难处境下的高尚独立人格。

质言之，范若丁的笔下乾坤，始终没有离开“文学”这一主题，他的工作和生活离不开文学，离不开创作文学作品的作家们，文学早已注入他的血脉和灵魂，成为他生命的一部分。他的“面容平静而有光彩，散发着诗人的隽智和童心未泯的纯真”的乡兄白桦（《苦恋》和《今夜星光灿烂》的作者），《陈奂生上城》的作者高晓声，著作甚丰、乐观坚韧的才子王蒙，《诗人之死》和《人啊，人！》的作者戴厚英，《春天的童话》的作者遇罗锦，以及张洁、霍达、顾笑言、张笑天、陆文夫、周梅森、叶蔚林、柯云路、雪珂、路遥、苏晨、林贤治、李士非、易征、岑桑、苏华、雷铎、章以武、左夫、艾云等等，一个个响当当的名字，一部部创造了影响力的作品，伴随着范若丁走过了80年代的文学辉煌期，许多作家与编辑部有关的趣事、轶事，甚至琐碎和纷争，也如黄河淘沙留下的珍珠，串联起《编辑部内外》和《背影渐远》这两本书的逻辑情节，是对新时期乃至现当代文学史料的重要补充，还原出80年代文坛的一个侧面，一个昂扬的文学生态场域，建构起一幅丰富多维的文学图景。

三、在良知和伦理注视下的写作

中国文学历来有知人论世的传统，作家的人生经历和思想情感本身就是一部丰富的作品，是活的文本和鲜活的研究对象。离开范若丁与作家们交往的文艺现场，纯粹谈他的创作，是狭隘的；无视范若丁的文学创作，只谈他作为编辑促进文学生产和传播的过程和意义，也是偏颇的。

在《编辑部内外》和《背影渐远》两本书中，范若丁提到的许多发表和出版事件、作家、作品等，都是中国新时期文学史的重要构成，既有老一辈作家群英汇聚，也有新作家后来成长为中国文坛执牛耳之人，《花城》杂志发表的许多作品获得茅盾文学奖、鲁迅文学奖等，可见作为编辑，范若丁具有相当精准的文学预判力。周原的《覆灭》、从维熙的《泥泞》、白桦的《庐山恋》、杨干华的《惊蛰雷》、章以武的《雅马哈鱼档》、谌容的《人到中年》、张洁的《爱，是不能忘记的》、戴厚英的《人啊，人！》、周梅森的《沉沦的土地》、方方的《大限临头》《夏天过去了》、路遥的《平凡的世界》、莫言的《白棉花》、王朔的《给我顶住》、李士非的《热血男儿》以及花城出版社出版的《郁达夫文集》和《沈从文文集》等，范若丁的书写，勾勒出新时期文学行踪的一个侧面，为“重返80年代”议题提供了丰富史料和多维视角，再现当时文人的精神气质和个性风范，以及他们复杂的政治文化心态，这些都值得我们关注和发掘。

一个个熠熠闪光的姓名和作品背后，隐藏着无数默默无闻的编辑，是他们的辛苦付出，令以上作家和作品崭露头角、大放异彩。范若丁便是幕后编辑之一，但他又不仅仅是编辑。

“苦恨年年压金线，为他人作嫁衣裳。”作为编辑的范若丁，是作家之师、之友，是那个为作品作“嫁衣裳”的人。但或许是因为职业禀赋，或为人谦逊低调，或淡泊名利的性格，作为作家的范若丁，他的作品的光芒似乎被遮蔽了，其文学成就也被低估了。

从新时期广东出版的第一本文艺书籍《并未逝去的岁月》，到后面的一系列散文集《相思红》《暖雪》《皂角树》《记忆的尊严》和长篇小说《旧京，旧京》《莫斯科郊外》，再到近年的《失梦庄园》《记忆的尊严》《难忘桃金娘》《背影渐远》和即将出版的长篇小说“黄河三部曲”《滔滔黄河》等，曾两度获得广东省鲁迅文艺（文学）奖、两度获得秦牧散文奖的范若丁一直笔耕不辍，跋涉在文学创作的道路上。

人如其文，文如斯人。这句话用来形容范若丁和他的写作，是中肯的。他的写作，是忠实于内心、面向心灵的写作。长期浸淫在浓厚的文学和文化范围中，耳濡目染，加上从童年时期开始的阅读和积累，注定范若丁的作品，一出手便不平凡。他的文字，澄明干净又敞亮，字里行间散发着槐花的香味。豫地的四月，是槐花盛开的季节，一串串洁白的花朵，笑傲枝头，明媚的阳光洒在槐花上、槐叶间，随着温煦的风摇啊摇，摇出一地的斑驳光影，窸窸窣窣，仿佛有时间载着神明匆匆走过。范若丁的散文，也如槐花一样，散发着清香，令人过目难忘。

杨沫曾如此评价：“若丁的散文，常能透过真挚的感情呼应，给人一种向上的力量。……近些年，散文的名声不好，读者不欢迎。……这些散文很少有作者的情，很少有作者自己的东西，可以说这是目前散文创作的时弊。若丁的散文很少受这种时弊的影响，因之使人感到清新，感到一种令人喜悦的生气。”[1]的确，范若丁的写作，离不开一个“情”字，他

1 杨沫. 相思红[M]. 广州：花城出版社，1987：4.

对祖国山河、对豫地故乡、对社会生活、对与作家们交往的书写，无不充满着激情和感情。

范若丁的写作，谦逊而不失气象，葆有伦理和良知。他写黄河："站在岸上，几乎听不到涛声，也看不到波浪，但你不能不在心里感应着一种轰鸣，一种排山倒海的气势。这是我第一次看到黄河。我无比敬畏地伫立在河岸，面对滔滔逝水，面对沉稳雄浑而又奔放不羁，既没有哗众取宠的喧哗，又没有媚俗逐艳的欢笑的浪涛，被震撼了。"[1]这样的文字，干净得如同四月的槐花，没有炫目的词汇，也没有桀骜典故的修饰，但我们不能不在字里行间感应到作者眼中的黄河气象，感应到黄河的傲然风骨。他写旧京街道上赶马的母亲："这是一个美丽的早晨，城里的炊烟悠然地越过干枯的树枝飘向天空。匆匆来往的行人，不约而同地望向手抡大鞭的女赶车人，目光惊异惶惑。"[2]没有正面写母亲，但母亲身上那种末世狂花、乱世佳人的风范跃然眼前。他写旧京小油坊街："紫色的薄雾渐渐笼罩了炊烟浮动的古城，在黄昏姗姗步来的那一刻强睁开睡眼的路灯，照得苍茫的街道依然沉入灰暗；空气中隐隐飘散着酸菜与煤烟混合的味道，杂乱的脚步声、车铃声在匆匆来去的暗影中汇成一股股浊流四处奔突。"[3]"紫色

1　范若丁．旧京，旧京[M]．北京：中国友谊出版公司，2019：13.

2　范若丁．旧京，旧京[M]．北京：中国友谊出版公司，2019：21.

3　范若丁．旧京，旧京[M]．北京：中国友谊出版公司，2019：127.

的薄雾”，显示出古城的贵气和优雅，也流露出这座城市千年的忧伤，褪去京城华丽的外衣，古城的底色依旧是“酸菜与煤烟混合”的人间烟火色。他写街上的居民：“理查德肩挎大型手风琴，黎思明手握萨克斯管会意地互望一眼，点点头；悠扬的乐声响起。先是古诺的《圣母颂》，一个个鸽哨似的音符，越飞越远，越飞越高，带领人们仰头去寻找蓝天与飞翔的白鸽。一忽儿转了调，奏起了河南梆子《穆桂英挂帅》的曲牌……”[1]寥寥数笔，又扶起了旧京人的精气神和高贵的文化气质——那根植于基因的高贵气质是延续千年而不绝衰的。他写寡妇表姊夜嫁：“那一夜，我暗暗哭了，不是为哪一个人而哭，而是为人的羞耻哭。我第一次感到这世界充满了羞辱。”[2]写他的奶妈陈干娘：“两年后，陈干娘同厨房的大师傅相好，生出许多闲言碎语。特别是大娘，总在人前人后阴阳怪气地贬责陈干娘。忽然，人们都感到陈干娘不干净了，连我都感到陈干娘不干净了。”[3]范若丁以平等的视角对她们的命运投以关注和同情的目光，与她们同喜同悲。这种平民化的视角，既不同于鲁迅先生的俯瞰式批判，也不同于沈从文的仰望式赞美，范若丁的写作是平视的，对底层众生和边缘群体尤其

1　范若丁．旧京，旧京[M]．北京：中国友谊出版公司，2019：127.

2　范若丁．夜嫁[M]//范若丁．失梦庄园．北京：中国友谊出版公司，2016：7.

3　范若丁．陈干娘[M]//范若丁．失梦庄园．北京：中国友谊出版公司，2016：25.

是热眼关注的。他平视和关注着他的城市，他的民众，其写作也被良知和伦理注视着。他悉心钩沉了豫西地区的风物乡俗，塑造了众多的人物形象，其中有对亲人的批判，对国运坎坷下小人物命运的同情，对多维人性的反思——他往往沉湎于童年经历、庄园旧事、豫地风情的反复书写，执着地倾心于纯文学素养和情怀的建构。

范若丁的写作，充满了悲悯情怀，犹如一部用心创造的“圣经”。他的黄河，他的桃金娘，他的乳母陈干娘，他的秀表姐，他的生活在旧京街道上的街坊、故旧和友伴们，他的落考的大哥，他的大姨老师，他的刀客，他的暖雪，他的皂角树，他的回不去的“庄园”，以及他的“记忆的尊严”，那些蹲守在故乡的孤独的灵魂等，都汇聚在他洗练的文字中，澄明而又沧桑，灵动而不失稳重，散发着宗教的超然况味：

秋庄稼一天天高了，裸露着肋骨的田野，又穿上老年总穿的那件绿衣。随着秋风渐紧，绿衣好像絮上套子一天天厚起来。高粱、谷子和玉蜀黍高矮不等，就像一个慵懒、拙笨的村妇，没有把寒衣絮平整似的。但秋天的田野美妙无比，它不像麦季那么单调；它色彩明幽参差，虫声断续悠远，凉风在青纱帐里辗转反侧，虚幻缥缈，撩起人们一个个错觉。令孩子们最高兴的是，玉蜀黍将熟未熟时，撅几根甜秆当甘蔗，抽几个黍穗做胡须，拢一堆野火烧几包玉米，吃一个唇黑齿白，演一台好戏。[1]

这是范若丁笔下的田野，如同梵高摹状的向日葵和鸢尾花一样，携着道不尽的热情和忧伤，铺展在广袤的中原大地上。他立足大地，眼望星空，就这样反复地吟咏，反复地书写，为旧京城里无名的小人物立传，为家乡豫地的黄河与田野立传，为暖雪和秋风立传，有一种神性的东西在作品上空演绎，升腾。“旧京，旧京”，两个名词叠用，仿若发自内心和灵魂的呼唤，是内心的图腾在燃烧，是灵魂深处的疼痛在喷涌，他的悲悯情怀观照着那些如蝼蚁苟活但又具有坚忍博大内心的人们。在《亲历共和国70周年》（腾讯视频）的访谈中，他说：“黄秋耘太伟大了，他说，作家不能在人民的疾苦面前闭上眼睛。”[2]说这句话的时候，镜头前的范若丁，目光深邃平静如悠远的秋夜，目中风景，自有清风和花香，有星光与明月。

范若丁的文学创作，自觉遵循纯文学写作的应然品格，几十年如一日，从不随大流。在商业化写作和碎片化阅读的当下，范若丁的写作或许是传统的、小众的，但他的作品显然不是为了哗众取宠，而是坚持站在“思”的一面，坚守纯文学的

1　范若丁．鬼灯笼[M]//范若丁．失梦庄园．北京：中国友谊出版公司，2016：201.

2　来自腾讯视频《亲历共和国70周年》访谈节目。

立场，以葆守良知和伦理的姿态，以平民化的视角，钩沉文学的记忆，反思为人的尊严，敞开为文的悲悯情怀，构建起一幅多维的、遗世独立的文学图景。范若丁的作品，应当被我们看见和记住，它经得起时间的检验，经得起滔滔黄河的反复淘洗和粗粝山风的漫卷打磨。